L'UPPERCUT DE MA DÉLIVRANCE

Avertissement

Ce livre de développement personnel, bien qu'inspiré par mon parcours et mes expériences, est une œuvre de réflexion et de partage d'idées. Les situations, concepts et personnages mentionnés dans ces pages sont avant tout des créations issues de mon esprit et de mes observations du monde, sans aucune volonté de refléter des personnes réelles ou des événements spécifiques. Toute ressemblance avec des individus existants ou ayant existé serait purement fortuite.

Je tiens à préciser qu'aucun lecteur ne doit se sentir personnellement visé ou s'identifier à l'un des personnages ou exemples évoqués. Ce livre vise à offrir des pistes de réflexion et des clés pour la croissance intérieure, et non à pointer du doigt des comportements ou personnalités particulières.

Les propos et suggestions partagés ici sont le fruit de ma liberté d'expression et de pensée. Je décline toute responsabilité quant aux interprétations ou réactions d'un lecteur ou d'une lectrice qui pourrait se sentir concerné(e). Chaque lecteur est invité à accueillir ce contenu comme une invitation à explorer sa propre évolution personnelle, sans pour autant revendiquer une correspondance directe avec sa propre vie.

Note à ceux qui s'engagent sur ce chemin introspectif : Certains passages de ce livre peuvent susciter des émotions fortes ou des réflexions profondes. Les thèmes abordés, bien qu'abstraits ou allégoriques, peuvent toucher à des réalités personnelles, et il est conseillé de les aborder avec ouverture et discernement.

Mustapha Bouktab Auteur

L'UPPERCUT DE MA DÉLIVRANCE

MUSTAPHA BOUKTAB

L'UPPERCUT DE MA DÉLIVRANCE
LA SANTÉ AVANT TOUT

Février 2019
BOOK-KITAB

L'UPPERCUT DE MA DÉLIVRANCE

Introduction

On entend souvent des plaintes sur les aléas de la vie, des reproches sur son injustice, des lamentations devant les défis qu'elle impose aux innocents, aux vulnérables, et à ceux qui œuvrent pour le bien. Elle est souvent maudite pour sa capacité à imposer des fardeaux de manière indiscriminée, pour sa froideur et sa cruauté sans discernement. Dans notre quête de consolation, nous avons tendance à attribuer nos malheurs à la malchance, au destin, parfois à une force divine malveillante, ou aux actions des autres.

Toutefois, affirmer que la vie ne nous offre aucun bienfait est en soi une vision biaisée. La vie, en elle-même, est un cadeau inestimable. Elle peut rayonner et être généreuse envers ceux qui la perçoivent avec un regard positif. Elle chérit ceux qui la voient comme une figure maternelle, toujours prête à donner abondamment en retour, surtout si l'on commence par l'amour et la gratitude. En effet, la gratitude est l'une des clés de la loi de l'attraction, une force puissante pour notre épanouissement.

Le bonheur ne dépend pas du hasard, d'un destin clément ou de la simple chance. Il émane de nos convictions, s'écoule de nos pensées et prend forme à travers nos actions. Cependant, nos croyances bien ancrées peuvent parfois nous induire en erreur. L'expression "je ne crois que ce que je vois", souvent faussement attribuée à Saint Thomas, bien qu'attirante en surface, peut altérer notre jugement et notre perception du monde. Elle suggère qu'il faille d'abord voir pour croire, mais la véritable sagesse réside plutôt dans le contraire : il faut croire pour voir. C'est dans cette subtilité que réside la force des pensées positives et de la visualisation.

Si vous lisez ces mots aujourd'hui, c'est que vous cherchez bien-être et sérénité. Néanmoins, ne vous attendez pas à trouver ici une recette miracle pour les obtenir, car elle n'existe tout simplement pas. Ce que vous y découvrirez, ce sont des voies à explorer, des clés pour reconnaître les obstacles que vous placez sur votre propre chemin et les erreurs que vous commettez, peut-être sans en avoir conscience.

Vous comprendrez comment traditions, habitudes et superstitions peuvent influencer notre vie quotidienne et entraver notre épanouissement. Vous réaliserez, peut-être plus clairement qu'avant, que l'estime de soi et l'amour-propre sont fondamentaux pour le bien-être. Vous prendrez conscience de l'étendue de votre pouvoir, avec l'idée centrale étant votre capacité à façonner votre réalité, à dessiner le plan de votre vie. Vous avez, sans l'ombre d'un doute, cette capacité remarquable, ce don intangible.

L'importance de l'alimentation et de l'activité physique pour notre bien-être, tant physique que mental, ne saurait être sous-estimée. Si vous souhaitez comprendre comment adopter une alimentation équilibrée pour protéger votre santé et comment intégrer une activité physique pour fortifier votre corps et votre esprit, les chapitres 4 et 5 vous fourniront les réponses. Cependant, attendez-vous à rencontrer des points de vue novateurs, car les recommandations conventionnelles sont parfois influencées par des agendas officiels qui ne visent pas toujours votre bien-être optimal.

La méditation est indéniablement un outil puissant, pourvu qu'on en saisisse les techniques et les bénéfices. Menée avec discernement, rigueur et compétence, elle peut être une clé contre la souffrance et les affections. À travers mes expériences, vous explorerez les horizons que la méditation a ouverts devant moi. Vous comprendrez également comment votre mentalité, et par extension vos actes, peuvent soit vous rapprocher, soit vous éloigner de vos objectifs, en fonction de vos pensées et convictions. Nos croyances déterminent en effet notre réalité, notre existence n'étant qu'une réflexion de nos pensées et sentiments sur le monde extérieur.

L'UPPERCUT DE MA DÉLIVRANCE

Le présent ouvrage, "L'Uppercut de la Délivrance", est truffé de conseils précieux pour vous accompagner dans votre voyage vers l'épanouissement et l'harmonie. Certes, les étagères des bibliothèques sont saturées de livres abordant le bien-être, et le web regorge d'articles et de vidéos à ce sujet. Mais cette profusion d'information peut s'avérer paradoxale. Il est pratiquement impossible de parcourir l'ensemble de ces ressources, de valider la fiabilité de chaque hypothèse et témoignage, et de distinguer le vrai du faux, surtout quand des contradictions apparentes déstabilisent le lecteur.

Je suis un passionné inconditionnel de la lecture, ayant exploré plus d'une centaine d'ouvrages dédiés à la santé, au développement personnel, au bien-être et à la méditation. Ma quête ne s'est pas arrêtée à de simples mots sur du papier ; j'ai concrètement appliqué ces enseignements, les confrontant à la réalité de ma propre vie pour en discerner l'utilité, avant de les personnaliser et de les intégrer à mon quotidien. Aujourd'hui, c'est le fruit de ce travail que je souhaite partager avec vous. Dans cet ouvrage, vous découvrirez des recommandations que vous pourrez, si le cœur vous en dit, expérimenter, adapter, puis adopter après avoir pratiqué les méthodes et exercices que je décris.

Cependant, avant de nous plonger dans le vif du sujet, permettez-moi de vous introduire à Tristan, Félicien, Daniel et Richard. Ces quatre protagonistes fictifs sont là pour illustrer diverses démarches, certaines judicieuses, d'autres moins. À travers leurs histoires, vous vous verrez en eux, vous identifiant tantôt à l'un, tantôt à l'autre, et vous commencerez à discerner la nature profonde de votre recherche d'épanouissement et, par-dessus tout, la voie pour l'atteindre.

L'UPPERCUT DE MA DÉLIVRANCE

CHAPITRE I
LES HABITUDES ET LA GESTION DU STRESS

« SI VOUS ÊTES DÉPRESSIF, VOUS VIVEZ DANS LE PASSÉ. SI VOUS ÊTES ANXIEUX, VOUS VIVEZ DANS LE FUTUR. SI VOUS ÊTES EN PAIX, VOUS VIVEZ AU PRÉSENT. »

LAO TSEU

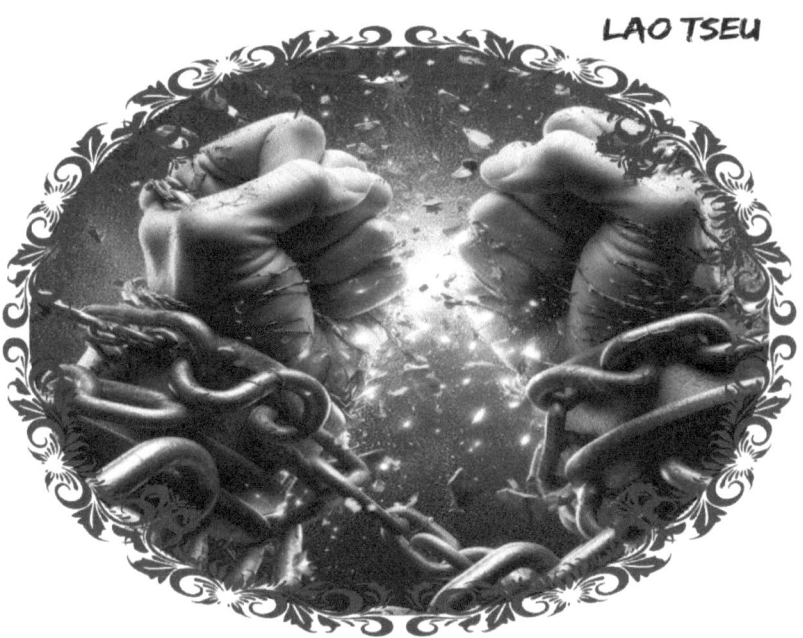

La quête universelle de chacun d'entre nous est celle de la guérison lorsqu'on est en proie à la douleur ou au mal-être. Il est difficile pour quiconque de rester insensible à la souffrance d'autrui, en particulier quand il s'agit d'un proche. L'impuissance face à la détresse de l'autre peut être déchirante. Naturellement, beaucoup se tournent vers la médecine conventionnelle, avec ses cliniques, ses spécialistes et sa panoplie d'outils et de traitements. Toutefois, est-ce vraiment le seul chemin, ou même le meilleur, vers la guérison et le bien-être ?

L'UPPERCUT DE MA DÉLIVRANCE

J'ai moi-même longtemps compté sur la médecine traditionnelle, naviguant entre phases de rémission et de rechute, sans jamais véritablement questionner cette démarche. Face à une maladie, la prescription classique : une semaine d'antibiotiques. Les symptômes s'atténuent, et un sentiment de mieux-être s'installe. Pourtant, il s'avère souvent que ce n'est qu'un soulagement passager, une guérison superficielle qui ne dure que jusqu'à la prochaine crise. Et lorsque celle-ci survient, on reprend le chemin de la pharmacie, suivant à la lettre les recommandations médicales, qui apportent de nouveau une éphémère sensation d'apaisement. Armés de notre carte vitale, nous faisons le va-et-vient entre le cabinet du médecin, la pharmacie, le laboratoire d'analyses et les centres d'imagerie, piégés dans un cycle apparemment sans fin.

Si les médicaments sont censés guérir, ils ont souvent tendance à ne faire que camoufler les symptômes, laissant la cause profonde du mal intacte. Leur innocuité est loin d'être systématiquement garantie, quels que soient leur composition et les avantages vantés. Les effets secondaires, parfois sévères, alertent sur leur impact souvent sous-estimé sur notre santé. Recourir systématiquement à ces traitements n'est peut-être pas la meilleure des solutions. Les substances synthétiques qu'ils renferment peuvent endommager nos organes et affaiblissent, ironiquement, notre premier défenseur : le système immunitaire. Au lieu de renforcer sa capacité naturelle à combattre, nous l'inondons de molécules qui le perturbent. J'en suis le témoin direct : mon ancienne dépendance aux antibiotiques continue de me peser.

J'ai constaté qu'à un jeune âge, beaucoup semblent se remettre rapidement, bien que ce ne soit pas universel. C'est d'ailleurs logique à bien y penser. Et il est aussi à noter que certaines personnes guérissent naturellement plus vite que d'autres. Cette observation mérite d'être approfondie. Je vais vous la détailler à travers divers exemples du quotidien, illustrés d'anecdotes authentiques mais pourtant singulières.

Première partie

Habitudes, traditions et superstitions.

« L'habitude est un sixième sens qui domine tous les autres. »

Proverbe arabe

L'entreprise X fabrique une pièce en alliage spécifique, peu importe lequel, car le procédé demeure identique : la conception d'un moule, suivi de son insertion dans une machine. Cette machine, une fois chargée avec une feuille de l'alliage en question, est actionnée par le simple appui sur un bouton, ce qui déclenche la production en série de la pièce. Grâce à un processus ingénieux, des centaines d'exemplaires de cette pièce sont créés chaque jour. Le mécanisme se répète inlassablement, jour après jour.

Cependant, avec le temps, le moule subit l'usure et la dégradation. La machine, qui initialement produisait des pièces d'excellente qualité à un rythme soutenu, commence peu à peu à fabriquer des unités défectueuses. La productivité en souffre, et la performance de la machine en pâtit. Le moule est laissé à son sort, sans aucun ménagement, jusqu'à ce qu'il ne puisse plus fonctionner. À ce stade, l'entreprise n'hésite pas à le remplacer pour rétablir la production et le rythme habituel. Le sort du moule ne préoccupe guère l'entreprise ; elle l'exploite sans prendre en compte son état, l'utilisant jusqu'à ce qu'il cède, puis elle le remplace.

L'UPPERCUT DE MA DÉLIVRANCE

Le corps humain fonctionne de manière similaire à une machine naturelle. Chaque jour, il produit des centaines de protéines variées. Cependant, si votre vie consiste en une reproduction incessante du même schéma éternel, si vous vous précipitez constamment contre la montre, si vous suivez une routine répétitive à un rythme frénétique, vous finirez par user et détériorer votre organisme. Par conséquent, il produira des protéines de moindre qualité. Puis, il synthétisera des protéines de plus en plus altérées, et en fin de compte, vos gènes seront affectés. Les télomères, éléments déterminants pour la longévité, se raccourciront aux extrémités de vos gènes, entraînant un raccourcissement de votre vie.

En réalité, la vieillesse n'est qu'une conséquence de l'usure, et non une condition intrinsèque. On ne vieillit pas, on se détériore. Bien sûr, certains "moules" (les individus) sont plus solides que d'autres, mais la finalité reste la même pour tous. La vieillesse en tant que concept est une illusion ; seule l'usure est une réalité. On peut entretenir son corps de diverses manières, mais l'approche la plus efficace consiste à les combiner. Bien que chaque approche puisse avoir des effets bénéfiques individuels, leur synergie offre des avantages bien plus considérables. Cependant, il est primordial d'éviter tout type de conditionnement.

L'alimentation, l'exercice physique, la respiration et la méditation revêtent une grande importance. J'ai choisi de débuter par ces aspects, car vous devrez apprendre à modifier vos habitudes dès le réveil jusqu'au coucher : manger, faire de l'exercice, respirer, méditer, etc. Prenons l'exemple de la routine quotidienne d'une personne vivant seule, puis nous réexaminerons cette journée pour vous apprendre à préserver vos télomères et, ainsi, prolonger votre vie.

Lorsque votre réveil sonne à 6 h 30, vous appuyez sur le bouton pour accorder cinq précieuses minutes de sommeil supplémentaires. À 6 h 35, le réveil sonne à nouveau, et vous vous extrayez du lit, comme si vous y étiez cloué, en commençant par le côté droit, veillant à ne pas poser le pied gauche en premier, car cela porterait malheur... Même si vous n'êtes pas superstitieux, vous le faites automatiquement, "juste au cas où". Après tout, on ne sait jamais, et cela ne coûte rien !

En enfilant vos pantoufles, vous débutez toujours par le pied droit, puis allumez la télévision pour regarder "Matin bonheur", une habitude quotidienne. Ensuite, vous vous dirigez vers la salle de bains pour vous laver le visage à l'aide de cette savonnette bleue à la mousse écume marine que vous affectionnez, suivi d'une coiffure respectant un protocole immuable : les mêmes gestes, les mêmes produits, le même peigne. Vous vous attardez sur vos tempes, jaugeant leur symétrie parfaite dans le miroir, une habitude incontournable.

Habillé avec les vêtements préparés la veille pour gagner du temps, vous vous rendez à la cuisine pour préparer votre petit-déjeuner habituel : café instantané avec une touche de lait sans lactose, tartine de pain grillé aux céréales spéciales tartinée du fidèle fromage frais allégé de la marque Y, accompagnée du jus d'orange 100% pressé au logo vert rassurant. Le tout est soigneusement disposé sur un plateau repas au centre de la table basse, en face de la télévision. Vous prenez votre petit-déjeuner tout en suivant votre programme matinal préféré, qui se termine à 7 h 10.

Un quart d'heure plus tard, vous devez être dehors. Rapidement, vous chargez tout dans le lave-vaisselle, donnez un bref coup d'aspirateur, mettez votre veste, enfilez les chaussures que vous aviez soigneusement préparées, et dévalez les escaliers avec une attention particulière pour placer vos pieds correctement. Vous démarrez votre voiture, allumez la radio sur votre station préférée, et débutez votre trajet habituel pour le travail. Il est 7 h 45, et vous arrivez juste à temps pour vous garer à l'entrée, dans l'ombre du marronnier, une chance que vous savourez. Vous sortez de votre voiture, satisfait d'avoir trouvé une place de parking si favorable, une petite victoire pour commencer la journée.

Vous vous rendez à votre poste, veillant à pointer exactement à 7 h 50, même si vous devez attendre quelques minutes pour atteindre ce chiffre rond, car vous préférez les nombres pairs. Vous saluez vos collègues de travail dans le même ordre, conformément à votre routine établie, puis vous vous installez à votre poste. Votre travail est répétitif, vous effectuez les mêmes gestes machinalement, en attendant avec impatience la pause de 10 heures. Lorsqu'elle arrive enfin, vous prenez 20 minutes pour vous détendre, vous dirigez vers la machine à café pour réserver votre chaise préférée, vous remplissez votre tasse de café serré et prenez un croissant au beurre du distributeur, une routine quotidienne. Vous profitez de ces moments pour discuter avec vos collègues tout en savourant votre café. La pause terminée, vous reprenez votre travail, effectuant les mêmes gestes automatiquement, tandis que vos pensées se tournent déjà vers le déjeuner.

L'heure du déjeuner arrive, et vous voulez être parmi les premiers à la cantine pour éviter la file d'attente. Manger est devenu une routine à laquelle vous vous conformez docilement. Vous avalez rapidement votre repas pour avoir le temps de lire votre journal préféré et faire une courte sieste de 10 minutes dans votre voiture.

Il est 13 heures, et vous retournez à votre poste pour deux heures de travail jusqu'à la petite pause de l'après-midi, durant laquelle vous prenez quelques minutes pour déguster votre jus de fruit préféré du distributeur. Vous êtes assis sur un tabouret haut, l'un des six dans la salle, vous balancez une jambe dans le vide et sirotez votre jus tout en discutant avec vos collègues. Après la pause, vous reprenez votre travail pour encore deux heures et quart.

Enfin, la sirène retentit, annonçant la fin de la journée de travail. Vous ressentez un mélange de plaisir et de soulagement en pensant au retour à la maison. Mais avant cela, vous devez pointer une dernière fois, en sortant à 17 h 36, un rituel immuable. Vous démarrez votre voiture, prenez le chemin du retour et vous arrêtez au supermarché, l'enseigne où vous faites vos courses deux fois par semaine. Vous vous garez au plus près de l'entrée, comme toujours, et prenez un chariot avec le jeton que vous conservez précieusement dans votre voiture. Vous parcourez les mêmes rayons pour acheter les mêmes produits, choisissez la même caisse et payez avec la même carte bancaire. Vous terminez vos courses avec l'achat d'un billet de loterie au bureau de tabac, puis rentrez chez vous en suivant votre trajet habituel.

Une fois en bas de votre immeuble, vous vous garez en marche arrière pour faciliter votre départ le lendemain. Vous rassemblez toutes vos courses en une seule fois pour éviter les allers-retours, en portant un sac sur chaque doigt et le pack d'eau sous le bras. Vous habitez au deuxième étage et, en montant les escaliers, vous prenez soin de poser votre pied droit sur la deuxième marche, ce qui vous rassure et vous permet de commencer et de finir sur le même pied. Vous entrez chez vous, déposez vos courses près de la porte, puis descendez rapidement ouvrir la boîte aux lettres, en veillant à poser à nouveau votre pied droit sur la deuxième marche. Une fois de retour chez vous, vous êtes enfin libre de vous détendre.

Vous récupérez le courrier et regagnez votre domicile, empli d'une satisfaction subtile. Avec une précision méticuleuse, vous rangez vos courses dans les placards, attribuant à chaque produit sa place exacte, minutieusement assignée. Il est temps de préparer le dîner, et puisque c'est un lundi, une soupe de légumes et une salade niçoise aux croûtons grillés sont au menu, comme chaque début de semaine. Mais contrairement à vos habitudes passées, vous décidez de vous asseoir à table cette fois-ci. Vous savourez chaque bouchée, en prenant le temps de sentir les saveurs et de vous connecter à votre alimentation de manière consciente.

L'UPPERCUT DE MA DÉLIVRANCE

Après le repas, vous ne vous hâtez pas. Vous prenez quelques instants pour apprécier le calme qui règne dans la cuisine, puis vous prenez soin de nettoyer rapidement, lançant le lave-vaisselle avec sérénité. Il est désormais 20 h 30, l'heure de votre douche. Vous choisissez délibérément d'utiliser des produits de soin qui vous procurent une sensation de bien-être, prenant le temps de prendre soin de vous avec attention. Après vous être séché les cheveux et avoir appliqué votre crème hydratante préférée, vous glissez confortablement dans votre pyjama.

Les jours de courses, vous appréciez une douche relaxante après le dîner, tandis que les jours sans courses, vous commencez par un dîner copieux suivi d'une douche revigorante. Les dimanches sont réservés à un bain apaisant et à un dîner au restaurant, tout en vous permettant de savourer le moment présent sans vous presser. Le troisième mercredi du mois, le cinéma et le pop-corn constituent un plaisir particulier.

Quand l'horloge marque 22 h 30, l'heure du coucher approche. Vous prenez soin de vos dents avec attention, utilisant votre brosse électrique et un dentifrice mentholé. Un rituel de trois gargarismes avec le dentifrice liquide, une solution bleu-vert conçue pour purifier la bouche et assurer une haleine fraîche. Vous vous glissez ensuite sous les draps, vous assurant que le réveil est réglé pour le lendemain. Cependant, au lieu de tourner la deuxième télévision en votre direction, vous décidez de la laisser éteinte. Vous choisissez de ne pas vous laisser emporter par le flux de chaînes et de publicités nocturnes. À 23 heures, ou peut-être un peu plus tôt, vous fermez les yeux avec calme et sérénité, laissant le sommeil vous envelopper doucement.

Ainsi, vous avez repensé votre journée d'une manière consciente et intentionnelle, en choisissant de vous connecter à chaque moment avec présence et délibération. Plutôt que de suivre un schéma de routines automatiques, vous avez pris le contrôle de vos actions et de vos choix, créant une expérience quotidienne plus significative et épanouissante.

Vous vous réveillez naturellement avant l'heure programmée, à 6 h 22. En appuyant sur le bouton, la station radio musicale démarre avec une chanson inattendue, une balade fraîche et nostalgique qui vous accueille en douceur. Bien que vous ne compreniez pas les paroles ni la langue dans laquelle elles sont chantées, vous êtes charmé par la mélodie envoûtante. Vous décidez de vous lever du côté gauche à la fin de la chanson, sans vous soucier du pied qui touchera le sol en premier.

Assis au bord du lit, vous expérimentez ce moment magique entre le sommeil et l'éveil, un état alpha où vous ressentez une profonde gratitude. Vous ouvrez les rideaux, laissant la lumière inonder la pièce, tandis qu'un rayon de soleil caresse doucement votre visage. En ouvrant la fenêtre, le chant d'un merle perché sur une branche de marronnier à hauteur de votre balcon vous surprend. Les yeux fermés, vous respirez profondément, le parfum du café préparé par votre maman durant votre enfance vous enveloppe, ravivant des souvenirs doux et chaleureux.

Le merle s'envole, laissant votre champ de vision. Après vous être lavé le visage, vous sentez l'eau vive couler entre vos doigts, rafraîchissante et vivifiante. Un simple geste de vos mains suffit à coiffer vos cheveux de manière naturelle. Dans votre dressing, vous optez pour un jean noir et choisissez un haut assorti sans hésitation.

La préparation du petit-déjeuner se fait sans rituel strict, en suivant vos envies. Ce matin, deux œufs sur le plat avec un filet d'huile d'olive, une tartine de pain grillé, et la moitié d'un avocat crémeux et délicat. Les notes mélodieuses du merle persistent dans votre esprit, vous incitant à préparer un café robuste et parfumé. Vous dégustez ce repas avec une sensation de bien-être et de gratitude, emmagasinant vitalité et énergie.

L'UPPERCUT DE MA DÉLIVRANCE

L'horloge indique 7 h 30, peu importe quelques minutes de différence. Vous démarrez la voiture, écoutant le ronronnement du moteur avec reconnaissance. La vitre baissée, vous respirez l'air matinal, connecté à l'environnement. Plutôt que d'allumer la radio, vous préférez apprécier les sons familiers du moteur et des clignotants, qui vous ramènent à des souvenirs privilégiés de votre enfance avec votre père et sa belle DS bleue.

Vous choisissez délibérément des chemins peu fréquentés, tournant à gauche ou à droite selon votre instinct plutôt qu'un GPS dénué d'âme. Vous explorez les rues inconnues, découvrez des raccourcis insoupçonnés et des quartiers nouveaux, laissant vos sens s'éveiller aux multiples sons et mouvements de la ville.

Vous arrivez au parking de votre entreprise et garez votre voiture à la première place disponible, peu importe si c'est rarement la même. Chaque place vous remplit de joie, reconnaissant d'en trouver une. En sortant de votre voiture, chaque pas que vous faites est apprécié. Vous adressez un regard admiratif et une pensée reconnaissante à chaque arbre sur votre chemin, environ une dizaine jusqu'à la pointeuse. Vous leur êtes redevable pour l'oxygène qu'ils vous offrent généreusement, nourrissant vos poumons. Plein de gratitude, vous laissez doucement votre main caresser leurs feuilles.

Passant le seuil de l'établissement, vous arrivez devant la pointeuse. Vous pointez sans vérifier l'heure, sachant que vous êtes dans les temps. Le bruit mécanique de la pointeuse vous plaît, chaque fois unique et semblant vous connecter à l'appareil. En chemin vers le vestiaire, vous saluez tous vos collègues avec un sourire contagieux. Votre enthousiasme se propage et ils vous le rendent chaleureusement.

Installé à votre poste, vous appréciez les lieux et les équipements d'un regard approuvant, puis prenez place aux commandes. Debout face à votre machine, vous accueillez avec reconnaissance les quatre-vingts pièces qui sortent chaque jour. Cette machine fidèle n'a jamais ralenti ni bloqué, vous produisant régulièrement des pièces identiques, conformes aux normes et aux délais. Vous lui exprimez votre gratitude, la remerciant pour sa coopération. Le temps file et il est déjà l'heure de la pause. Vous vous dirigez vers la machine à café pour un expresso, mais à la dernière seconde, vous choisissez un thé vert, comme par instinct. Ce thé vous transporte vers les contrées mythiques des Indes, où vous vous sentez devenir un tigre royal, agile et majestueux. Votre thé se termine juste avant la fin de la pause, une dernière gorgée emplie d'arômes exotiques qui flattent votre palais alors que vous retournez à votre poste. Le travail reprend avec passion, votre créativité coulant abondamment.

Midi sonne et le temps a filé inaperçu. La cantine se trouve à droite, accessible par une courte passerelle vitrée. En passant devant le distributeur de sandwichs, votre instinct vous pousse à vous arrêter. Les choix sont variés, du classique jambon-beurre à des compositions véganes innovantes. Votre choix se porte sur un sandwich inédit, pavot-chèvre-épinards au pain d'orge et de seigle. Bien que plus cher, vous ne vous préoccupez pas de l'argent, le considérant comme un moyen de se faire plaisir. Vous prenez le sandwich et une bouteille d'eau, décidant de profiter du beau temps en mangeant à l'extérieur. Un coin d'herbe semble vous appeler, vous invitant à vous y asseoir. Vous ôtez votre veste et vos chaussures, laissant vos pieds nus toucher l'herbe. La fraîcheur douce de l'herbe vivifie, une communion avec votre corps s'opère. Une sensation d'énergie pénètre par la plante de vos pieds, rechargeant vos batteries avant de s'échapper, laissant une sensation revitalisante.

Une sensation de faim provenant de votre estomac vous rappelle à l'ordre, et vous déballez votre sandwich avec soin pour ne pas perdre une miette. Le pain moelleux parsemé de grains de pavot croquants, les tranches de chèvre frais sur les tendres pousses d'épinard, ainsi que la petite sauce aux noix relevée d'une touche de gingembre, confirment que vous avez fait le bon choix. Chaque bouchée est une expérience magique, enchantant votre palais et satisfaisant votre estomac. Vous prenez la petite bouteille d'eau et la contemplez avec une pensée profonde : si notre corps est constitué à 70% d'eau, alors nous sommes en quelque sorte cet élément précieux, et il est en nous. Nous sommes l'eau, et l'eau est nous. C'est par elle que la vie trouve son élan. En buvant quelques gorgées de cette eau sacrée tout en appréciant votre repas, vous exprimez votre gratitude envers ces éléments, avec sincérité et humilité.

Ensuite, vous prenez le temps de vous allonger sur l'herbe et de vous détendre en contemplant le ciel. Bien que vous connaissiez bien ce panorama céleste, vous avez l'impression de le redécouvrir à chaque instant, vivant ainsi un moment à la fois unique et magique. Vous vous sentez ancré dans le sol et relié à ses vibrations telluriques, tout en fixant votre regard et votre esprit vers le ciel et ses énergies cosmiques. Vous vous sentez connecté, une sensation de flottement tout en étant solidement enraciné. Dans cet état, vous ressentez que tout communique avec vous, une osmose entre la terre et le ciel, un moment d'ivresse où le corps s'enracine, l'âme erre et l'être réagit – vous êtes comme un magicien.

Le moment est venu de reprendre le travail. Vous enfilez vos chaussures et retournez à votre poste. Vous retrouvez votre machine et continuez votre processus créatif. À la pause suivante, vous choisissez de rester à votre poste, mettez vos écouteurs et vous laissez emporter par le magnifique Canon de Pachelbel. Cette composition sublime vous transporte dans un état de béatitude, vous faisant ressentir une fusion avec l'univers, comme si la musique elle-même était connectée à la terre et au ciel, une combinaison de poids et de légèreté. Pendant un quart d'heure, vous vous échappez dans un monde intemporel, un lieu d'évasion et de paix. Puis, il est temps de retourner à votre tâche, avec seulement quelques pièces restantes à produire. Vous vous mettez au travail, l'écho doux et harmonieux de cette musique légendaire résonnant dans votre esprit.

À 17 h 30, la sirène de sortie retentit. Vous quittez votre poste et vous dirigez tranquillement vers le vestiaire. Contrairement à vos collègues, vous prenez votre temps pour vous changer, appréciant chaque moment, car vous aimez être le dernier à quitter la salle après avoir aidé à ranger un peu pour soulager l'agent d'entretien.

En démarrant votre voiture, vous remarquez que le bruit du moteur est différent de celui du matin, probablement à cause de la chaleur exceptionnelle de cette journée. Vous abaissez la vitre, prêtant attention à des détails que vous n'aviez pas remarqués auparavant, comme les nouvelles fleurs au centre du rond-point ou la rambarde rénovée du pont accidenté il y a quelques jours. Vous conduisez en suivant votre instinct, découvrant que les petites déviations par rapport à la routine peuvent mener à de belles surprises. Une fois chez vous, vous vous garez sans trop y penser, parfois en marche avant, parfois en marche arrière. Vous montez les escaliers naturellement, sans même penser à poser un pied devant l'autre ou à compter les marches. Vous montez simplement, sans contrainte. De temps en temps, vous ouvrez votre boîte aux lettres, parfois vous la négligez, tout dépend de votre ressenti.

En arrivant chez vous, vous ressentez de la gratitude envers tout ce qui compose votre appartement, les objets qui l'emplissent, ainsi que les espaces vides. Vous vous offrez un moment de détente en continuant la lecture de votre livre favori du moment, une captivante exploration de l'effet placebo. Ensuite, vous préparez le dîner de manière simple, en laissant le contenu de votre réfrigérateur dicter le menu. Des carottes, un peu de fenouil, une tomate juteuse et deux tiges de poireau. Vous optez pour un savoureux plat de lentilles aux légumes, cuisiné en musique, bercé par les notes du

L'UPPERCUT DE MA DÉLIVRANCE

Canon de Pachelbel – une musique qui semble même résonner avec les légumes, à votre avis.

Votre dîner est prêt, et vous prenez une douche. En choisissant une savonnette au hasard dans le panier, vous aimez varier les parfums. Le jet puissant d'eau qui coule sur vous crée une sensation de communion avec cet élément vital. Vous avez l'impression que votre propre substance s'étend sur votre peau, une sensation agréable et étrange à la fois, comme si vous ruisseliez en vous-même. Vous ressentez de la gratitude envers l'eau qui lave et purifie, et vous sortez de la douche avec un sentiment de bénédiction. Après avoir enfilé un pyjama, vous prenez votre dîner sur le balcon, admirant les teintes du coucher de soleil. La combinaison des parfums des lentilles et de la douceur du crépuscule éveille vos sens. Vous ressentez une vitalité intense, vous nourrissant non seulement des délicieuses lentilles, mais aussi de l'ambiance apaisante de la soirée. Après avoir terminé votre repas, vous remettez la cuisine en ordre.

Avant de vous coucher, vous vous brossez les dents, un moment qui a gagné en importance depuis que vous utilisez un dentifrice sans fluor. Vous êtes conscient des effets potentiels néfastes du fluor et vous avez fait ce choix en faveur de la santé de vos dents. Comme des montagnes solides, vos dents sont bien ancrées dans vos gencives, tout aussi saines. Vous sentez une force vitale concentrée dans votre bouche, conscient que ce qui entre dans votre corps doit franchir ce passage, et vous en prenez soin avec attention. Il est 21 h 30 et la fatigue vous envahit doucement. Vous répondez avec plaisir à l'appel de Morphée et glissez dans votre lit. Ici encore, il n'y a pas de rituel particulier, pas de gestes habituels ni de préférence pour un côté spécifique. Vous vous glissez simplement sous la couette, ajustez votre oreiller et vous abandonnez à ce sommeil régénérateur. Dans cet état de sommeil paisible, vous rêvez de choses insaisissables, entouré d'une subtile fragrance de vanille qui se mêle à vos draps, embaumant votre nuit.

On aurait pu continuer à détailler davantage cette journée, inclure une séance de sport, une participation à une messe dominicale ou les cinq prières quotidiennes d'un musulman. Une visite médicale ou une balade en ville... On aurait pu imaginer des scénarios mettant en scène un couple, une famille, un animal de compagnie ou même un visiteur imprévu. Le principe resterait le même : une journée libérée des habitudes, des coutumes et des traditions. Seul le moment présent serait important, à savourer et à vivre instinctivement, en utilisant tous les sens. Aucune journée ne ressemblerait à la précédente. Hier n'a plus d'existence car il est révolu, et demain n'existe pas encore. Seule la réalité du moment présent compte, ici et maintenant. La vie se déroule dans ce moment-là, et pour véritablement exister, il faut en profiter pleinement, seconde après seconde.

Vous n'avez jamais été et ne serez jamais. Quoi que vous pensiez avoir été, c'est du passé et n'existe plus. Quoi que vous envisagiez d'être, cela ne sera que si vous êtes actuellement. Ainsi, concentrez-vous sur le simple fait d'être, car tout se passe dans le présent, à cet instant précis.

J'ai souvent l'habitude de dire que Dieu n'a jamais été ou ne sera jamais, car Dieu est. Seul le présent est éternel et continue de s'écouler, sans fin. Il est l'alpha et l'oméga, une expansion infinie tout comme l'univers. Dieu est éternel et pour vivre pleinement, il faut rester dans le présent et se défaire de tout conditionnement. Ne devenez pas une machine, restez humain avec vos sens et vos émotions. Avancez pas à pas, en prenant le temps dans le temps.

Deuxième partie
La gestion du stress

« Les hommes pratiquent le stress comme si c'était un sport.

Madelaine Ferron

L'un des maux les plus sournois de notre société moderne se niche insidieusement dans notre quotidien. Il perturbe nos jours et nos nuits, gouverne nos émotions et mine notre bien-être. Cet ennemi familier est le stress. Même s'il peut sembler redoutable, il peut être régulé et contenu, à condition de savoir comment agir. Cependant, pour y parvenir, il est impératif de le comprendre en profondeur. En effet, c'est notre méconnaissance de cet adversaire intime qui lui permet de maintenir son emprise. Alors, qu'est-ce que le stress ? D'où provient-il ? Quels sont ses déclencheurs ? Comment se manifeste-t-il ? Les réponses à ces questions révéleront la voie vers la solution. Il est crucial de comprendre que le stress n'est pas une condamnation, mais qu'il peut être efficacement géré et corrigé.

Imaginez une antilope en train de paître paisiblement dans les vastes étendues de la savane africaine. Elle se délecte des herbes savoureuses sans se poser de questions, isolée de ses semblables. Soudain, une lionne en chasse repère la solitaire herbivore. Tapis dans la végétation, elle fixe sa proie, prête à bondir. Lorsque l'antilope penche la tête pour brouter, la lionne surgit des hautes herbes, fonçant droit vers sa cible. Cependant, l'antilope réagit immédiatement, comme si elle avait anticipé l'attaque.

L'UPPERCUT DE MA DÉLIVRANCE

Elle s'échappe aussitôt, semant la prédatrice en quelques enjambées agiles, puis s'arrête à distance. Sans se laisser troubler, elle reprend calmement son repas.

L'instinct de l'antilope l'a avertie du danger, déclenchant ainsi une réponse physiologique de défense. Son cerveau en alerte envoie un signal aux glandes surrénales, qui libèrent les hormones cortisol et adrénaline. Ces substances agissent immédiatement : le rythme cardiaque s'accélère, la respiration s'intensifie, le sang afflue vers les extrémités, les pupilles se dilatent et la force musculaire augmente. Dans le même temps, les organes non essentiels à la réaction de combat ou de fuite sont mis en veille.

L'antilope sait instinctivement que le combat serait inégal et qu'elle doit fuir pour échapper au danger. Elle se lance dans une course effrénée pour échapper à la mort, bondissant avec agilité et accélérant de toutes ses forces. Elle ne court plus, elle semble voler, distançant rapidement sa poursuivante en quelques enjambées énergiques. La lionne, épuisée, ralentit et abandonne la chasse, en quête d'une autre proie. Pendant ce temps, l'antilope s'éloigne rapidement, hors de portée de la lionne. Le danger est écarté, et l'antilope revient paisiblement à ses activités, broutant comme si de rien n'était. À ce stade, elle n'a plus besoin d'adrénaline ou de cortisol. Son rythme cardiaque revient à la normale, sa respiration se calme et son corps retrouve un état de sérénité.

L'animal ne se pose pas de questions. Il laisse agir la chimie naturelle qui régit son corps, prenant instantanément la meilleure décision au meilleur moment. Il fuit pour sa survie, sans être envahi par la peur. Il n'est pas en état de vigilance permanente : une fois le danger écarté, il reprend ses activités normales. Si l'antilope pouvait parler, elle répondrait que son âge est "maintenant" et que l'heure est également "maintenant". Elle n'a aucune notion du passé ni du futur, se reconnectant continuellement au présent. Elle poursuit son broutage, profitant pleinement de l'instant présent.

L'UPPERCUT DE MA DÉLIVRANCE

Imaginons maintenant un homme qui apprécie les promenades en forêt. Il suit un sentier bordé de diverses essences d'arbres, savourant l'air frais et nourrissant que la végétation luxuriante offre. Ces moments sont pour lui une évasion bienvenue après une journée de travail éreintante et infinie. Alors qu'il avance paisiblement, il perçoit soudain un grognement étrange provenant d'un bosquet de hêtres à proximité. Le son se rapproche, devient plus distinct et prend une teinte menaçante. Le promeneur s'immobilise brusquement, scrutant les environs avec inquiétude. Dans l'obscurité, il distingue une forme massive qui se dirige lourdement vers lui, et à mesure qu'elle se rapproche, il la reconnaît : un ours des montagnes. Instantanément, son corps réagit, sa peau frissonne, son sang se fige et les poils de ses bras se hérissent. Les hormones du stress inondent son système nerveux central et ses glandes surrénales libèrent de l'adrénaline et du cortisol pour le préparer à l'affrontement imminent.

Lorsque le sang afflue vers les extrémités de son corps, les muscles de ses bras et de ses jambes se tendent. Face au choix entre combattre et fuir, il ne peut pas hésiter. Compte tenu des circonstances pressantes, il évalue rapidement les risques et opte pour la fuite. Sachant qu'il ne pourrait pas vaincre l'animal, même s'il était armé, il n'y a pas d'autre alternative. Vu la taille imposante de l'ours, toute tentative de combat serait futile. La survie dépend uniquement de la fuite. Il s'enfuit sans réfléchir, courant de toutes ses forces, à bout de souffle, évitant de trébucher à maintes reprises. Lorsqu'il estime avoir pris suffisamment de distance par rapport à la menace, il jette un regard furtif en arrière. Il ralentit alors un peu, se tourne une fois de plus pour vérifier qu'il n'est plus suivi, puis s'arrête pour reprendre son souffle. Aucun signe de l'ours, plus de grognements, mais malgré cela, le promeneur ne retrouve pas sa tranquillité d'esprit. On ne sait jamais, l'animal pourrait encore être à proximité, et rien que d'y penser, il en frissonne.

L'UPPERCUT DE MA DÉLIVRANCE

Cette situation met en lumière la réaction instinctive de l'homme face au danger. Tout comme l'antilope, il mobilise instantanément son système de défense physiologique pour faire face à la menace. Les hormones du stress préparent son corps à la lutte ou à la fuite, et dans ce cas, la survie dépend clairement de la fuite. Le processus est automatique et rapide, sans la moindre hésitation. Cependant, même après avoir échappé au danger, les effets du stress perdurent. Le promeneur reste alerte, angoissé et prêt à réagir. Le stress peut laisser une empreinte durable, même après que la menace initiale ait disparu.

Même lorsque le danger a disparu, l'homme demeure en état d'alerte. Son cerveau continue d'envoyer des signaux de détresse, maintenant ainsi un niveau élevé de vigilance. Dans le but de se protéger de la menace supposée, il choisit de grimper dans un jeune mélèze, dont les branches semblent accessibles. S'agrippant aux aspérités du tronc, il gravit l'arbre en enroulant ses chevilles autour, alimenté par une énergie décuplée par la peur. Arrivé à mi-hauteur, à une douzaine de mètres du sol, il s'assied sur une fourche solide et accueillante. Enfin en sécurité, installé à califourchon sur la branche garnie de rameaux d'aiguilles souples, il éponge son front et tente de rassembler ses esprits. Son souffle est court, son cœur bat la chamade, et il se cramponne fermement à l'arbre providentiel. Les minutes passent, et l'homme demeure toujours aux prises avec ses émotions. La peur le tenaille, il est convaincu que l'ours n'a pas renoncé, qu'il est tapi quelque part en embuscade, attendant patiemment qu'il quitte son abri. Une demi-heure s'écoule avant que des voix ne se fassent entendre. C'est un groupe de randonneurs, et l'homme dans le mélèze peut enfin redescendre au sol. Il rejoint les marcheurs et leur raconte son histoire, agrémentant son récit de plaintes et de soupirs.

De retour chez lui, il demeure perturbé. La peur et l'anxiété sont visibles sur son visage crispé, et sa femme comprend immédiatement qu'il lui est arrivé quelque chose. Elle est habituée à le voir dans cet état, car il semble collectionner les mésaventures. Elle lui demande ce qui ne va pas, et il répond : – Tu ne peux pas imaginer à quel point j'ai frôlé la mort aujourd'hui. J'ai échappé de justesse à un ours dans la forêt… – Quoi qu'il se soit passé, tu es en vie, et c'est le plus important. Calme-toi, tout va bien maintenant ! – Mais j'aurais pu être attaqué par un ours, j'aurais pu perdre un membre, devenir handicapé ! C'est miraculeux que je m'en sois sorti indemne. Tu réalises ? – C'est justement le point, tu n'as rien. Alors, ne pense plus à ça ! Cependant, il ne peut pas s'empêcher d'imaginer des blessures et des dommages imaginaires. Il crée un traumatisme fictif et agace sa femme avec ses lamentations incessantes. Il se couche sans retrouver son calme et passe une nuit agitée. Au réveil, il reprend ses plaintes fantasques, poussant sa femme à bout jusqu'à ce qu'elle le mette à la porte, exaspérée. Au travail, il se hâte de raconter son histoire à ses collègues, en amplifiant le récit jusqu'à en faire une catastrophe. Le temps ne change rien, et même des années plus tard, il continuera de détailler cette mésaventure à quiconque voudra bien l'écouter.

Chaque fois qu'il replongera dans cet épisode de son passé, les hormones du stress lui feront ressentir la même impression de danger imminent et lui dicteront la même réaction de combat, de fuite, voire de paralysie. À l'origine, ces hormones n'étaient produites que dans des situations extrêmes pour aider l'homme à surmonter une situation inédite et dangereuse. C'était une réaction naturelle d'adaptation à un environnement hostile, un moyen de maintenir l'équilibre interne. Le stress était donc autrefois un mécanisme de défense qui permettait à l'homme de réagir face à un péril ou à une menace immédiate.

Cependant, dans notre société moderne, le danger ne provient plus de prédateurs sauvages, mais plutôt de notre mode de vie trépidant. La quête incessante de temps et d'argent, l'épuisement au travail, les addictions, les soucis quotidiens, notre environnement matériel et social déshumanisé, les maladies liées à notre mode de vie, l'alimentation altérée, et bien d'autres aspects de notre époque, sont devenus les sources de stress que nous devons affronter quotidiennement. Bien que les temps aient changé, notre organisme n'a pas évolué dans sa façon de réagir. Notre mécanisme de réponse au stress, enraciné dans notre héritage évolutif, ne sait pas que nous vivons au XXIe siècle. Il continue de réagir comme si nous étions entourés de prédateurs dangereux. Il ne distingue pas entre un embouteillage de circulation et un animal sauvage affamé : il réagit de la même manière, quels que soient les problèmes, réels ou imaginaires, en libérant les mêmes hormones et en générant les mêmes effets physiologiques et cérébraux.

Face aux pressions de la vie moderne et aux préoccupations quotidiennes, la réponse au stress est souvent déclenchée de manière répétitive, voire chronique. Les réactions au stress sont souvent exagérées, allant bien au-delà de la mesure du stimulus initial. Ces réactions peuvent perdurer dans le temps et échapper à notre contrôle. À cause de cela, notre capacité d'adaptation est dépassée, et notre organisme ne peut plus suivre le rythme. Ce mécanisme d'adaptation, conçu pour nous sauver, peut devenir néfaste et mettre en danger notre santé, voire notre vie. C'est ainsi qu'un mécanisme autrefois salvateur s'est paradoxalement transformé en destructeur. Le stress, qui avait pour rôle de garantir la survie de nos ancêtres, est devenu aujourd'hui le fléau de notre époque.

Le stress chronique que vous créez vous-même à travers vos pensées et vos comportements contamine votre esprit et votre corps. Il altère votre bien-être physique et psychologique. Contrairement à l'antilope qui, une fois hors de danger, reprend paisiblement sa vie, vous continuez de vous tourmenter par le biais d'images mentales liées au danger. Ces pensées alimentent des émotions perturbatrices et déclenchent des réactions chimiques nocives pour votre corps. À la longue, ces effets contribuent à la maladie et au vieillissement prématuré.

Cependant, il n'est pas que le stress en soi soit mauvais. Encore une fois, à l'origine, son but est de nous protéger. Cependant, il ne peut remplir ce rôle que dans des circonstances appropriées. Comme l'antilope qui reprend sa tranquillité une fois la course terminée, il est important d'abandonner les pensées traumatisantes du passé et les inquiétudes infondées concernant le futur. Se charger d'un passé traumatique et d'un futur effrayant revient à s'alourdir d'un fardeau qui peut peser sur votre santé et votre vie.

Le stress peut prendre diverses formes, et chacun d'entre nous y réagit différemment. Il y a le stress soudain, qui surgit à l'annonce d'une nouvelle choquante et brutale. Même si la menace est abstraite, le choc peut être aussi puissant que si un ours surgissait devant vous. Il y a le stress lié au travail ou au mode de vie, comme lorsqu'un boxeur monte sur le ring pour un combat décisif ou quand un artiste ressent le trac avant de monter sur scène. Ou encore, c'est l'idée d'aller au travail que vous détestez jour après jour et contre votre gré.

Un autre type de stress est lié à la mémoire, comme la peur d'apprendre à nager à cause d'un traumatisme vécu dans l'eau durant l'enfance. Ce souvenir peut vous hanter, même des années plus tard. Il y a également le stress lié à l'avenir, comme la crainte de perdre son emploi et de ne pas pouvoir faire face aux dépenses quotidiennes, ou la peur d'être diagnostiqué séropositif, ou encore celle d'être victime d'un attentat ou d'un accident grave. C'est aussi l'anxiété avant une visite chez le dentiste, la réception des résultats d'un examen, un entretien d'embauche, ou toute autre situation où l'on prévoit un moment douloureux, un échec ou une grande déception. C'est même l'idée de vieillir et de se rapprocher de la fin.

Toutes ces formes de stress, passées, présentes ou futures, déclenchent la même réaction chimique dans notre corps. La chronicité de ces réactions amplifie leurs effets néfastes sur notre organisme. Cependant, les réactions au stress varient d'une personne à l'autre. Par exemple, face à un ours, un homme téméraire ou inconscient pourrait envisager de faire face à l'animal avec bravoure, tandis qu'un autre pourrait être terrifié et paralysé d'effroi. Une troisième personne, quant à elle, pourrait choisir la fuite comme réaction privilégiée.

Le courage ou l'inconscience face au danger sont des réactions basées sur l'expérience ou la disposition à l'affrontement. Une personne qui a l'habitude de se confronter physiquement ou verbalement à des adversaires réels ou imaginaires sera constamment prête à se défendre ou à attaquer, motivée par une agressivité incontrôlable. De même, la peur peut découler d'un conditionnement. Si, pendant votre enfance, on vous a raconté des histoires effrayantes d'ogres avides de chair humaine, vous nourrissez cette peur. Vous pouvez être pétrifié par vos émotions, comme un enfant face à une araignée. Quant à la fuite, elle semble être une réaction plus naturelle que le combat ou l'inaction.

La fuite, c'est un pas après l'autre, une succession de mouvements en avant, une course guidée par la puissance des jambes. C'est avancer de la même manière que le présent se déroule pour façonner le futur, sans jamais reculer, à moins que ce ne soit pour prendre de l'élan et sauter plus loin, toujours en avant. C'est échapper au poids du passé tout en restant ancré dans le présent, en laissant derrière soi l'incarnation du problème. On dit souvent que seuls les lâches prennent la fuite. Pourtant, il n'y a rien de lâche à fuir face à un ours en furie ou à un agresseur dangereux. De la même manière, il n'y a rien d'héroïque à combattre une créature sans défense ou plus faible que soi.

L'UPPERCUT DE MA DÉLIVRANCE

Lorsqu'une menace physique se présente, la réponse la plus appropriée est souvent la fuite, et le stress tend à se dissiper une fois que le danger est écarté. Cependant, lorsque la menace est potentielle ou hypothétique, comme la peur de prendre l'avion à cause d'un possible crash ou l'évitement des autoroutes par une crainte irrationnelle de la vitesse, la gestion du stress prend une tout autre dimension.

Imaginez-vous dans un grand parc d'attractions. Vous attendez en file pour monter dans une montagne russe et vous vous apprêtez à vivre un moment divertissant, riche en émotions. Jusqu'à présent, tout va bien. Vous vous réjouissez à l'idée de cette expérience aérienne et vous êtes même excité à l'idée de votre tour à venir. Vous prenez place et la ceinture rigide du siège se boucle autour de votre poitrine, vous maintenant fermement en place. Cependant, le visage de la personne qui occupait le siège avant vous est blême, et vous la voyez quitter le wagon, tremblante. Instantanément, votre état d'esprit change. Vous commencez à redouter le moment où le manège va démarrer.

Le tour débute et la chimie s'enclenche. L'adrénaline et le cortisol affluent dans vos veines, votre cœur bat plus rapidement, et votre respiration devient saccadée et superficielle. Vos poings se serrent alors que la navette s'approche du sommet. Elle s'arrête brièvement, un instant que vous voudriez suspendre dans le temps pour échapper à la descente vertigineuse qui vous attend. Mais le temps ne peut être arrêté, et la chute commence. Votre sang se glace, des frissons vous parcourent violemment. Vous êtes partagé entre la joie et la peur. L'idée d'un accident vous hante. Alors que le wagon dévale la pente raide à une vitesse fulgurante, un vertige terrifiant vous envahit. Vous avez l'impression de chuter librement vers un abîme sans fond. Vous vous cramponnez à votre siège et criez de toutes vos forces pour libérer les émotions qui tordent vos entrailles et accélèrent votre cœur.

L'UPPERCUT DE MA DÉLIVRANCE

Arrivé en bas, vous ouvrez enfin les yeux, secoué mais heureux que l'épreuve soit terminée. Le manège ralentit progressivement, vous vous levez en étant encore un peu chancelant. Peu à peu, vous retrouvez votre équilibre, et vous foulez le sol avec soulagement, marchant d'un pas ferme et rassuré. Vous avez vécu un moment palpitant, ressenti des peurs intenses, mais après coup, vous ne gardez que les souvenirs positifs. Le stress s'est évaporé, car tout a été si rapide que vous n'avez jamais quitté l'instant présent. La vitesse a joué un rôle décisif dans la gestion du stress, ne vous laissant pas le temps de réfléchir ou d'anticiper. Ainsi, la tension qui était si intense dans l'action diminue instantanément une fois que le tour de manège est terminé, laissant peu de trace derrière elle.

Être pris par surprise dans une violente tempête en pleine forêt peut également être une situation extrêmement stressante, surtout si la foudre frappe entre les grondements assourdissants du tonnerre. Se battre n'est pas une option, et se figer comme mort ne mène à rien. Trouver refuge maladroitement sous un arbre exposé pourrait être dangereux. Enfin, sauter à pieds joints, comme on le voit parfois dans les films, serait non seulement ridicule, mais également futile et stupide. L'instinct est indécis, et l'on oscille entre l'envie de fuir et la possibilité d'un abri dans les buissons.

Un jour, le théologien allemand Martin Luther, initiateur du protestantisme, a fait face à une telle situation. Alors qu'il traversait une vaste forêt en Thuringe, il fut pris au dépourvu par un violent orage. Les éclairs zébraient le ciel menaçant, la foudre frappait les arbres, embrasant les branches dans un spectacle apocalyptique. Le jeune Luther était terrifié, ne sachant plus à quel saint se vouer. Seul et désorienté, il se tourna vers Dieu, lui adressant des paroles à haute voix et invoquant son aide. Il promit de se consacrer au Seigneur s'il échappait à la foudre. La prière peut également être un moyen de libérer le stress et de se protéger contre le danger. Luther s'est alors confié à la Providence, et l'issue a été favorable. Il n'a pas oublié sa promesse et a ultérieurement embrassé la religion, rejoignant l'ordre des Augustins.

La fuite peut prendre diverses formes, tant au sens propre que figuré. Évitez toute source de stress ou de toxicité. Fuyez ce qui est néfaste dans votre passé, dans votre environnement, voire dans votre entourage. Échappez-vous de toute pensée qui pourrait vous projeter dans un avenir tumultueux. Fuyez l'ours, mais fuyez aussi les menteurs, les médisants, les individus narcissiques, cruels, haineux ou malveillants. Fuyez le négatif et ce qui l'engendre. Évitez jusqu'à la plus petite source de stress, car ce sont ces sources qui, une fois regroupées, donnent naissance à des rivières et des fleuves qui, en aval, se jettent dans les mers et les océans.

Que le stress précède un boxeur prêt à combattre peut sembler étrange au premier abord. Cependant, ayant été moi-même boxeur pendant longtemps, je vais vous expliquer la raison. Avant d'entrer sur le ring, un boxeur est dans la même situation qu'un joueur d'échecs ou un athlète avant une compétition décisive. Dans leur corps, les mêmes réactions chimiques se produisent, avec une montée d'adrénaline et de cortisol dans le sang. Ces hormones du stress aident le boxeur à monter sur le ring pour affronter son adversaire. Avant le combat, il est anxieux, transpire abondamment et ressent souvent le besoin pressant d'aller aux toilettes. Tout cela est normal. Il reste debout, presque pétrifié, attendant le son du gong qui marquera le début du combat. Et lorsque le combat commence enfin, il bouge, parade, esquive, il est constamment en mouvement, combinant agilité et vitesse. Il avance, recule, revient, frappe, et esquive aussitôt la contre-attaque prévue avant de frapper à nouveau.

Le boxeur sait qu'il ne se trouve pas face à un ours sauvage. En réalité, il se bat contre lui-même : son adversaire pèse autant que lui, a une constitution similaire, et possède un niveau et un entraînement comparables. Dans l'ardeur du combat, le stress disparaît pour laisser place à un sentiment de bien-être. Il n'y a plus rien ni personne d'autre dans la salle, seul son adversaire compte. Il est complètement immergé dans l'instant présent, en harmonie avec son art. Ses mouvements deviennent fluides et rapides. Il envoie un puissant coup de poing droit avec une vitesse éclair, esquive aussitôt avec agilité, puis enchaîne avec un uppercut fulgurant qui laisse son adversaire sonné, le faisant chuter lourdement sur le sol du ring. Tout au long du combat, round après round, seconde après seconde, tout se déroule ici et maintenant. Le boxeur ne pense ni au moment précédent ni à celui qui suivra. Il est aveugle et sourd à son environnement, ne percevant même pas le son du gong marquant la fin du round.

Gérer le stress, c'est simplement prendre la meilleure décision dans le présent et agir spontanément en conséquence, sans se préoccuper du passé ou du futur. On réagit instantanément, et dans des situations inhabituelles ou inattendues, la fuite est souvent la réponse la plus sûre et la plus rapide. Les mots-clés deviennent alors promptitude, célérité et agilité.

Cependant, quand le stimulus est moins intense ou familier, on peut prendre le temps de réfléchir avant d'agir. Si nous avons la possibilité de raisonner, c'est parce que le niveau de stress suscité est en réalité très faible, voire inexistant, ce qui signifie que nous pouvons facilement surmonter la situation. Si nous avons le temps de réagir, cela indique que nous ne sommes pas réellement en situation de stress. En revanche, lorsqu'il y a urgence et que nous ne pouvons pas prendre le temps de réfléchir, lorsque l'action doit être immédiate, la rapidité devient essentielle. Cette rapidité nous maintient dans le présent.

D'ailleurs, l'univers dans son ensemble, ainsi que tout ce qu'il contient, est en mouvement constant et à une vitesse incroyable. Malgré cette vitesse, tout se déroule toujours dans le moment présent. Le présent est en perpétuel changement, il ne s'arrête jamais. Rien n'est statique, même si certaines apparences peuvent le laisser croire. La Terre, une planète vivante, tourne et vibre. Vous ne pouvez jamais traverser une rivière deux fois au même endroit, car elle est en mouvement constant, fluide et dynamique. Elle coule sans cesse, avec un flux rapide et vigoureux, se déplaçant et serpentant continuellement. Vos pieds ne toucheront jamais deux fois la même eau, car tout est en perpétuel mouvement.

La crainte de manquer d'argent est un exemple courant de source de stress, pouvant évoluer en anxiété chronique chez de nombreuses personnes. La peur de ne pas être en mesure de payer les factures, d'acheter de la nourriture, de faire face aux dépenses quotidiennes ou imprévues peut devenir une préoccupation récurrente, et si elle se répète trop souvent, elle peut conduire à un stress chronique.

Ce stress est en grande partie motivé par des préoccupations matérielles, liées à la peur de manquer d'abondance et de confort. La société moderne nous conditionne à croire qu'il est essentiel de vivre sans manquer de quoi que ce soit, elle crée constamment de nouveaux besoins et nous pousse à devenir des consommateurs enthousiastes dans un monde de consommation effrénée. Les stratégies de marketing se multiplient, la publicité est omniprésente et nous poursuit sans relâche, ciblant constamment les potentiels consommateurs. Nous sommes constamment encouragés à acheter, à consommer et à posséder. Ainsi, nous achetons le dernier smartphone à la mode, la montre connectée dernier cri, les gadgets en vogue vantés par les influenceurs les plus célèbres, et même la dernière télévision à écran incurvé de dernière génération.

Même moi, j'ai longtemps vécu de cette manière et il m'arrive encore de céder à mes anciennes habitudes d'achat compulsif. Cependant, j'essaie de changer progressivement, de dépenser de manière plus réfléchie et de ne pas céder à des besoins futiles et inutiles. Mes achats sont désormais plus raisonnés, et je m'en porte mieux.

L'UPPERCUT DE MA DÉLIVRANCE

Une gestion judicieuse du budget, une relation saine et réfléchie à l'argent, et une attitude désintéressée envers les biens matériels peuvent radicalement transformer notre vie. Par exemple, considérons une personne qui gagne un salaire décent, disons 1 700 euros par mois. Elle travaille dans une grande usine automobile et loue un petit appartement pour 500 euros par mois, charges comprises. Chaque mois, elle paie 200 euros d'impôts et un crédit de 300 euros pour sa voiture. Il lui reste 700 euros pour la nourriture, les vêtements, les loisirs et pour économiser en vue des vacances ou de projets futurs. À première vue, cette personne peut vivre confortablement.

Cependant, à notre époque, rien n'est aussi simple. Ce qui était vrai hier peut ne plus l'être aujourd'hui. Le stress n'a pas les mêmes conséquences sur les générations actuelles que sur les générations passées. La société moderne conditionne les individus à travers la télévision, les médias sociaux et d'autres canaux en leur suggérant de manière répétée qu'ils doivent acheter certains produits et remplacer d'autres. Ainsi, nous voulons constamment changer de téléphone, de voiture, suivre les dernières tendances vestimentaires, manger au restaurant, souscrire aux nouvelles chaînes de télévision pour regarder les séries à succès, etc. Plus nous cédons à ces désirs, plus nous devenons dépendants. Le salaire ne suffit bientôt plus, nous avons recours au crédit et accumulons des dettes. La peur s'installe, non pas tant la crainte de ne plus pouvoir acheter, mais surtout celle de ne plus posséder ces biens que nous considérons désormais comme indispensables. Nous nous forgeons une fausse image de nous-mêmes pour correspondre à la norme, et nous ne voulons surtout pas dévier de cette image, car cela nous rassure de ressembler aux autres. Cependant, ce mode de vie engendre un stress qui s'installe de manière insidieuse, sans que nous en prenions conscience. Le malaise est devenu normal, banal. Nous nous en plaignons à demi-mot, tout en nous accommodant de ce sentiment. Après tout, la solution semble simple : il suffit d'avoir plus d'argent.

L'UPPERCUT DE MA DÉLIVRANCE

Il n'y a pas si longtemps, l'argent était principalement utilisé pour les besoins essentiels. Il servait à couvrir les dépenses vitales et était rarement dépensé pour des luxes. L'achat d'une voiture, par exemple, nécessitait une épargne considérable et l'idée de recourir au crédit pour cela était rare. L'argent avait une réalité tangible, et les cartes bancaires n'existaient pas. Les achats étaient simples, les options dans les magasins étaient limitées, mais la qualité était souvent meilleure. Il fallait se lever pour changer le volume de la télévision, car les télécommandes n'existaient pas, et cela était considéré comme normal. De nos jours, une simple panne de télécommande peut être source d'un stress intense, simplement parce que l'idée de devoir se lever pour changer de chaîne manuellement peut sembler gênante. Il y a tellement de chaînes disponibles que la télécommande est devenue une extension de la main, et nous zappons d'un programme à l'autre sans bouger de notre siège. La conception du confort a considérablement évolué, et les progrès technologiques visent à simplifier la vie, du moins en théorie.

Il est indéniable qu'il y a des avantages dans les avancées technologiques, mais il est important de ne pas tomber dans les pièges qu'elles peuvent cacher. Sous le prétexte de la modernité, elles peuvent insidieusement diffuser un venin néfaste. Notre monde actuel est saturé d'informations trompeuses qui visent à transformer les individus en consommateurs dociles. Nous achetons tout ce que les grandes entreprises agroalimentaires ou autres produisent, nous remplissons nos chariots de courses en croyant satisfaire des besoins réels, alors qu'en réalité, nous suivons simplement un schéma préétabli. Pour nous inciter à acheter des vêtements, l'industrie de la mode nous conditionne à suivre des tendances auxquelles nous nous conformons par peur d'être exclus socialement. Pour nous pousser à consommer davantage de nourriture, nous sommes encouragés à manger toutes sortes d'aliments transformés et prêts à consommer, sous prétexte de gagner du temps. Pour nous vendre une meilleure santé, on crée souvent des problèmes de santé en induisant du stress. Les riches et les puissants prospèrent ainsi en créant une population d'esclaves consommateurs, en exploitant leurs faiblesses et en les privant de leurs ressources jour après jour.

Notre société de consommation excessive nous façonne en série pour devenir ses esclaves dévoués et résignés, guidés par notre insatiable désir de possessions matérielles. Nous sommes inondés de richesses factices et de plaisirs virtuels que nous ne réalisons même pas payer au prix fort. Nous vivons dans l'anxiété, avec une incapacité à dormir correctement, tourmentés par mille et une préoccupations. L'anxiété semble devenue une partie intégrante de notre quotidien et touche pratiquement tout le monde. Cependant, ce type d'existence n'est pas une fatalité. Le stress peut être géré et ses effets considérablement atténués. Il est possible d'apprivoiser le stress, et cette capacité est à la portée de chacun.

L'objectif de ce livre est précisément de vous expliquer comment y parvenir, en fournissant des conseils éprouvés. Les principes sont simples et relèvent du bon sens. Tout d'abord, il est important de comprendre qu'une personne stressée ne peut pas aider les autres, elle risque plutôt de leur transmettre son malaise. Il est impératif de prendre soin de soi pour être en mesure d'aider les autres. Le stress est contagieux, alors évitez autant que possible les personnes stressées. Créez un environnement sain, laissez derrière vous les soucis du passé et les inquiétudes pour l'avenir, apprenez à vivre dans le présent, trouvez votre propre chemin et devenez l'architecte de la vie que vous souhaitez, une vie épanouie et sereine.

Dans ce premier chapitre, j'ai souhaité aborder deux aspects fondamentaux de la quête du bien-être : les habitudes et la gestion du stress. Ces éléments constituent un préalable crucial avant d'entamer des changements profonds dans votre vie quotidienne. Par la suite, j'aborderai d'autres aspects d'un mode de vie harmonieux, tels que l'alimentation saine, l'activité physique et bien d'autres sujets, tout en ayant toujours pour objectif de vous aider à préserver ou à retrouver une santé optimale et de vous fournir des clés pour accéder au bien-être.

En partageant quelques anecdotes personnelles et les leçons que j'en ai tirées, mon but est de semer des graines d'espoir en vous et de vous montrer comment les faire germer et grandir. Mon espoir est que cela vous aidera à vous familiariser avec l'idée que le bien-être est accessible à tous, et que vous le croyiez fermement.

Avant de conclure ce premier chapitre, laissez-moi vous raconter une anecdote en lien avec les peurs, le stress et la manière de les surmonter. C'était en 1996, lorsque j'ai été embauché dans une usine spécialisée dans la fabrication de TGV et de véhicules blindés en aluminium. À cette époque, il était difficile de trouver du personnel qualifié dans le domaine de l'aluminium, et comme j'avais les compétences requises, j'ai été recruté. Cependant, le chef du personnel était initialement hésitant en raison de considérations locales. L'usine était située à Reichshoffen, une petite commune alsacienne où la main-d'œuvre extérieure n'était pas toujours bien accueillie. Lors de mon entretien d'embauche, le directeur des ressources humaines m'avait interrogé sur ma nationalité, à quoi j'avais répondu :

– Évidemment, je suis de nationalité française, comme indiqué sur mon CV.

– Oui, mais de quelle origine es-tu ?

– Gauloise, bien sûr !

Ma réponse spontanée avait fait rire le directeur, au point qu'il a décidé de m'embaucher. Par la suite, nous sommes devenus de bons amis. Cependant, dans l'atelier de production, il n'a pas été facile pour moi de m'intégrer parmi les employés alsaciens, peu habitués à côtoyer des étrangers ayant des origines différentes. Cependant, au fil du temps, j'ai compris que ces collègues étaient des personnes formidables. Souvent, il suffit d'apprendre à se connaître mutuellement pour briser les barrières et les préjugés.

C'était à travers un homme que j'ai rencontré que j'ai reçu une précieuse leçon de vie. Une leçon que j'ai partagée souvent, avec des personnes de différentes origines et langues (je parle quatre langues). Elle a été d'une grande aide pour plusieurs collègues submergés par le stress à l'idée de la fin de leur contrat. Ils étaient angoissés face à la perspective du chômage et semblaient accablés comme si leur monde s'effondrait. Parfois, il ne suffit que de quelques mots pour redonner le sourire et raviver l'espoir. J'ai tiré cette histoire de Momo. Il était un grand homme, venu d'un autre pays, tout comme moi. Peut-être que nos origines communes nous ont rapprochés dès le début. Malgré ses presque soixante ans, il était en forme et inspirait le respect et l'admiration. Nous avons rapidement noué une amitié. Il avait quelque chose dans sa manière d'être, sa voix, ses gestes et son regard qui transmettait du réconfort et de l'engagement. Extrêmement aimable, il avait une aura singulière qui inspirait confiance et sécurité. Quand il parlait français, il roulait les "r" et avait toujours un sourire charmeur derrière sa petite moustache à la Clark Gable. En évoquant ces souvenirs aujourd'hui, un frisson me parcourt jusqu'au cœur. Je me revois avec lui, préparant notre thé du matin, discutant de tout et de rien. Quel que soit le sujet, il partageait toujours un peu de son savoir et de sa sagesse avec moi. J'ai énormément appris grâce à lui. Il avait été embauché deux ans avant moi et chaque matin, c'était un plaisir de refaire le monde en sirotant un verre de thé à la menthe qu'il préparait avec soin et délicatesse.

Presque deux ans après avoir commencé à travailler ensemble, il m'a annoncé la nouvelle. C'était un vendredi, à midi. Il était venu me trouver pour me dire qu'il partait à 13 heures. Le responsable des ressources humaines (DRH) lui avait fait savoir que son contrat ne serait pas renouvelé. Pourtant, il m'a annoncé cette nouvelle avec son sourire habituel et sa bonne humeur. Pris de panique, je lui ai dit que c'était impossible et que j'irais parler au DRH pour le convaincre de revenir sur sa décision, et que si quelqu'un devait partir, ce serait moi. Après tout, j'étais plus jeune et il me serait plus facile de trouver un autre travail. Contrairement à moi, la peur et le stress avaient envahi Momo. Pourtant, il est resté calme et serein, imperturbable face à l'adversité.

– Mon ami, calme-toi. Viens prendre un dernier thé avec moi, sur notre banc. La vie, il faut la prendre comme elle vient. Crois-moi, il faut accueillir avec joie tout ce qu'elle nous offre. Assieds-toi, je vais t'expliquer.

Il s'est assis à mes côtés sur le banc en bois qu'il avait fabriqué lui-même, dont il était fier.

– Je te le confie. Je ne peux pas l'emporter avec moi, et de toute façon, tu en auras plus besoin que moi.

Momo me raconta alors son histoire. Quand il avait quitté son pays d'origine pour travailler en France, il ne connaissait ni la langue ni l'écriture française. Il était parti seul et avait réussi à trouver un emploi au port de Strasbourg, où il participait à la construction de péniches. Plus tard, il avait fait venir sa femme et avait commencé avec elle une nouvelle vie dans leur exil alsacien. Pendant 17 ans, Momo avait travaillé pour cette entreprise sans jamais manquer un jour, même lorsqu'il était malade. Il faisait régulièrement des heures supplémentaires, toujours volontaire et sans jamais se plaindre. C'était un employé modèle, sans histoire. Un jour, il reçut une lettre recommandée à son domicile, demandant une confirmation de réception. Il signa le formulaire que le facteur lui présenta, puis demanda à sa fille, âgée de 14 ans à l'époque, de lui lire la lettre. Sa fille lui apprit qu'il était licencié avec effet immédiat, en raison de difficultés économiques de l'entreprise. Au départ, il ne réalisa pas tout de suite la gravité de la situation. Il pensa d'abord avoir mal compris. Mais sa fille lui relut la lettre en traduisant chaque phrase avec soin. C'était sans appel : il était renvoyé et n'avait aucun recours. La nouvelle était livrée sèchement, sans aucune considération, et la brutalité de cette annonce, venue de nulle part, était d'autant plus dévastatrice qu'il ne l'avait pas anticipée. C'était un coup dur, une nouvelle soudaine et déconcertante qui anéantissait en un instant les projets qu'il avait construits au fil des années. Il traversa deux années de dépression, empreintes de la peur de ne pas s'en sortir. Il ne mangeait plus, ne dormait plus. L'atmosphère à la maison était sombre et pesante, les jours semblaient interminables et tristes. Sa femme et sa fille souffraient de le voir ainsi, et lui-même se sentait coupable de leur infliger cette détresse. Ces 17 années passées à travailler dans la construction de péniches avaient fait de lui un travailleur discipliné, habitué à recevoir un salaire chaque mois. Il n'avait jamais cherché à obtenir plus et se contentait de ce qu'on lui donnait. Après avoir tout perdu, comment pouvait-il se relever ? Il se laissait aller, dépérissait jour après jour. Puis, un jour, un proche le poussa à entrer dans un lieu de culte où il entendit un récit qui allait tout changer. Alors qu'il était plongé dans un profond désespoir, une simple histoire eut le pouvoir de transformer sa vie. Il me raconta cette histoire comme on la lui avait racontée à l'époque, et il se souvenait de chaque détail.

Momo conclut son récit avec cette histoire inspirante. Le roi Salomon, qui avait le pouvoir de communiquer avec les animaux, remarqua un jour une fourmi en train de transporter un grain de blé. Intrigué, il lui demanda pourquoi elle portait cette graine, et la fourmi répondit que c'était sa subsistance pour toute une année. Le roi lui promit alors de pourvoir à ses besoins et la plaça dans un bocal avec un grain de blé, affirmant qu'il reviendrait l'année suivante avec un autre. L'année passa, et Salomon tint parole en lui apportant un autre grain de blé. Cependant, il fut surpris de constater que la fourmi n'avait mangé que la moitié du premier grain. Quand il interrogea la fourmi sur la raison de son comportement, elle expliqua qu'avant d'être enfermée, elle vivait librement et sa subsistance venait de Dieu. Mais comment pouvait-elle avoir foi en un homme qui pouvait mourir et ne jamais revenir ? Elle avait économisé sa nourriture par précaution, au cas où Salomon l'oublierait ou mourrait, pour survivre le plus longtemps possible. Touché par cette leçon, Salomon libéra la fourmi, reconnaissant d'avoir appris d'elle malgré sa petite taille.

Momo me raconta cette histoire pour illustrer sa propre transformation. Il se comparait à cette fourmi enfermée dans une cage pendant 17 ans, recevant sa subsistance régulière sans penser au-delà. Il avait été conditionné à dépendre de son emploi et de son salaire, mais lorsqu'il avait été licencié, il avait ressenti la peur et le stress typiques de quelqu'un qui dépend d'une source externe pour sa sécurité. Cependant, avec le temps, il avait appris à se libérer de ces chaînes mentales et à croire en sa propre capacité à trouver de nouvelles opportunités. Il comparait sa nouvelle perspective à celle des oiseaux, libres de voler où ils le souhaitent, de picorer leur nourriture où ils la trouvent, sans s'inquiéter du lendemain.

Momo avait appris à ne pas craindre les fins, car il voyait en elles de nouveaux départs. Il m'avait transmis cette sagesse, et aujourd'hui, quand quelque chose se termine dans ma vie, je ne le considère plus comme une fin, mais comme une opportunité de commencer quelque chose de nouveau. Momo m'avait enseigné que le stress et la peur paralysent, tandis que la foi en soi et la confiance en l'avenir peuvent nous libérer de ces entraves.

Sa perspective m'a profondément influencé et m'a aidé à voir le changement et les transitions sous un angle positif. Grâce à Momo, j'ai compris que nous avons tous en nous le pouvoir de nous envoler vers de nouvelles aventures, de transcender nos peurs et de trouver le bonheur et la liberté.

CHAPITRE II
APPRENDRE À S'AIMER ET À SE SURÉVALUER

« S'AIMER SOI-MÊME EST LE DÉBUT D'UNE HISTOIRE D'AMOUR QUI DURERA TOUTE UNE VIE. »

OSCAR WILDE

L'amour de soi n'est pas un égoïsme narcissique ou une complaisance. C'est la reconnaissance que notre valeur intrinsèque mérite respect, soin et considération. En nous valorisant, nous reconnaissons que notre bien-être n'est pas un luxe, mais une nécessité, un droit inaliénable qui doit être préservé et cultivé.

Lorsque nous nous aimons sincèrement, nous accordons de l'importance à ce que nous mettons dans notre corps, car nous le considérons comme un temple sacré. Nous sommes alors plus enclins à adopter une alimentation saine, à éviter les excès et à chercher des nutriments qui nourrissent et renforcent notre corps. De la même manière, nous voyons l'exercice non pas comme une corvée, mais comme une expression de gratitude envers ce corps, une façon de le chérir et de le renforcer.

Cet amour pour soi crée également un cercle vertueux. Car en prenant soin de nous-mêmes, nous nous sentons mieux physiquement et émotionnellement. Cette énergie positive rayonne alors autour de nous, influençant positivement nos relations avec les autres. Quand nous sommes pleins d'amour-propre, nous avons aussi plus d'amour à donner.

D'ailleurs, il est souvent dit que nous ne pouvons pas aimer les autres plus que nous nous aimons nous-mêmes. Nos relations deviennent ainsi un miroir de notre état intérieur. Si nous sommes remplis d'amour et de respect pour nous-mêmes, nous traitons également les autres avec amour et respect. En cultivant cette bienveillance intérieure, nous créons un environnement où l'amour, le respect et la compassion sont la norme, plutôt que l'exception.

Pour finir, comprendre l'importance de l'amour de soi est la première étape pour vivre une vie équilibrée et saine. C'est le fondement sur lequel repose tout le reste. Une fois que cette base est solide, il est plus facile de bâtir un mode de vie sain et d'établir des relations enrichissantes. La quête de bien-être devient alors non pas une obligation, mais une expression joyeuse de cet amour qui réside en nous.

L'acte de manger, dans de nombreuses cultures, est considéré comme sacré. C'est un moment où l'on remercie la Terre pour ses dons, où l'on honore les mains qui ont préparé le repas et où l'on se connecte profondément à soi-même et à l'univers. Toutefois, dans le tumulte de la vie moderne, ce rituel ancestral a souvent été réduit à une simple fonction utilitaire : manger pour apaiser la faim. Or, l'alimentation dépasse largement cette dimension mécanique.

Penser à la nourriture uniquement comme un carburant est une vision réductrice qui nous prive du plaisir multisensoriel qu'offre le repas. En adoptant une approche plus consciente de l'alimentation, nous réapprenons à établir un lien intime avec ce que nous mangeons. Chaque bouchée devient une célébration de la vie, une communion avec la nature.

Se nourrir en pleine conscience, c'est accorder une importance à la qualité de ce que l'on mange, mais aussi à la manière dont on le mange. C'est reconnaître que manger est non seulement une nécessité biologique, mais aussi une expérience qui englobe le corps, l'esprit et l'âme. Cela implique d'être présent à chaque instant, d'être réceptif aux textures, aux saveurs, aux parfums et même aux sons que produisent les aliments.

Ce rituel permet également de mieux comprendre notre corps, de distinguer la faim réelle de la faim émotionnelle, d'apprécier la satiété sans pour autant se sentir lourd. En effet, en mangeant en pleine conscience, nous sommes plus à l'écoute de nos signaux internes, ce qui nous aide à réguler naturellement nos apports et à éviter les excès.

En fin de compte, voir la nourriture comme une source de joie et de connexion, plutôt que comme une simple obligation, enrichit notre vie de manière incommensurable. C'est une démarche qui, petit à petit, nourrit non seulement notre corps, mais aussi notre esprit, et nous rapproche de la version la plus épanouie de nous-mêmes.

L'UPPERCUT DE MA DÉLIVRANCE

Dans la dimension de l'amour, tout est cyclique et harmonieux. Il est universel et, lorsqu'il est authentiquement vécu, il abolit les barrières et établit des liens incommensurables entre les êtres. Il devient une force unifiante qui transcende les différences, qui guérit les blessures et qui apporte la paix intérieure.

Ce que nous devons comprendre, c'est que l'amour est inné en nous. Nous sommes nés avec une capacité illimitée d'aimer et d'être aimés. Pourtant, en grandissant, face aux défis, aux déceptions et aux douleurs de la vie, nombreux sont ceux qui développent des mécanismes de défense qui les éloignent de cette capacité naturelle. La clé est de se reconnecter à cet amour originel, d'apprendre à ouvrir à nouveau son cœur, à s'accepter pleinement, avec ses imperfections, ses forces et ses faiblesses.

La pratique de l'amour de soi n'est pas un acte égoïste ou narcissique, comme certains pourraient le croire. Au contraire, c'est en cultivant cet amour pour soi-même qu'on est capable d'aimer les autres d'une manière authentique et désintéressée. Car comment peut-on véritablement aimer autrui si l'on ne s'aime pas soi-même ? S'aimer soi-même, c'est reconnaître sa propre valeur et son unicité. C'est se respecter, se valoriser et s'offrir la bienveillance dont on a besoin. C'est se nourrir intérieurement, s'accorder de l'importance, se permettre de recevoir, de grandir et de se réaliser. Et lorsque cet amour pour soi rayonne, il touche ceux qui nous entourent, créant un cercle vertueux d'énergies positives et bienveillantes.

C'est en étant un puits d'amour inépuisable pour soi-même que l'on devient une source inestimable d'amour pour les autres. Et c'est cet amour, inconditionnel et universel, qui est la clé du véritable épanouissement.

L'UPPERCUT DE MA DÉLIVRANCE

Première partie
Tristan

« Carrément méchant, jamais content. »

Alain Souchon

Le jour n'était pas encore tout à fait levé lorsque la sonnerie du réveil retentit dans la minuscule pièce qui servait à la fois de lieu de vie et de sommeil. Tristan peinait à émerger de son rêve brutalement interrompu. Bien qu'il ait souhaité y replonger, il savait que c'était l'heure ; il devait quitter ce clic-clac qui servait de canapé en journée et de lit la nuit. Les rideaux mal tirés laissaient filtrer un rayon de lumière, et progressivement, le soleil diffusait une douce clarté qui baignait le petit studio. Tristan ouvrit les yeux, se frottant les paupières, puis s'assit au bord du lit. Il s'étira, bâilla, déploya grand les bras et la bouche, étirant son cou en arrière puis en avant. Ce matin-là, il se sentait lourd de tête, la massant avec ses mains, puis ses tempes, étouffant un gémissement avant de laisser échapper quelques mots vulgaires en se levant finalement en marmonnant.

Dans la minuscule salle de bains, régnait un désordre déprimant. Tristan resta un moment devant le miroir, soupirant tandis qu'une expression désapprobatrice se dessinait sur son visage défait. Il ne se trouvait pas du tout attirant, adressant même des remarques désobligeantes à son reflet, exprimant qu'il était laid, que c'était mérité s'il était dans cet état. Sous la douche, il se savonna en grognant lorsque la mousse lui piqua les yeux. Ensuite, il ronchonna sur l'eau qui n'avait jamais la bonne température. En se séchant, il se plaignit de la rugosité de la serviette et faillit glisser sur le carrelage en enfilant ses pantoufles. Évitant de justesse la chute, il laissa échapper un juron et quitta la salle de bains en claquant la porte.

Tristan avait à sa disposition un vaste répertoire de jurons et d'insultes qu'il utilisait au moindre désagrément. "Merde" et "fais chier" ponctuaient ses journées, et il trouvait toujours quelque chose à redire, tout en se lamentant autant qu'en rouspétant. Il incarnait l'archétype du perpétuel insatisfait. En peinant pour enfiler son pantalon et en luttant pour boutonner sa chemise, il se trouva évidemment innocent, attribuant ces difficultés à l'industrie du vêtement qui semblait être radine sur le tissu et jouait avec les tailles.

Tristan referma son clic-clac sans prendre la peine de lisser les draps. Il n'eut même pas à allumer la télévision, se contentant de changer de chaîne et d'augmenter le volume. C'était devenu un automatisme, il oubliait souvent de l'éteindre avant de s'endormir. Sa chaîne d'information en continu préférée diffusait les mêmes pseudo-nouvelles de la veille, ce qui l'irritait profondément. En enfouissant distraitement son pied dans une chaussette, il chercha des actualités sur la télécommande. Cependant, tout était inchangé, les mêmes titres défilaient sur chaque chaîne, le poussant finalement à éteindre le téléviseur. Il entreprit de chercher sa deuxième chaussette du regard. Mais où pouvait-elle bien être ? Elle devait être là, sur l'accoudoir du fauteuil ! Se levant en marmonnant, il inspecta sous le siège, fouilla le tapis, en vain. Il ne lui vint pas à l'esprit qu'il aurait pu refermer le clic-clac sur la chaussette manquante... Rapidement, il prit une autre chaussette dans la malle de rangement où il gardait ses vêtements. Attrapant la première venue, à peu près semblable, il décida que ce serait suffisant. Après tout, une fois chaussée, personne ne verrait la différence !

Il enfile ses chaussures, attrape sa veste et sort de son logement sans même ouvrir les rideaux ou la fenêtre pour aérer la pièce. Il se dirige vers le café du coin, s'assoit à sa place habituelle et commande un expresso. Il observe les allées et venues des gens, scrutant chaque client, évaluant leur apparence, cherchant leurs défauts. Il ne semble remarquer que les personnes en surpoids, celles qu'il juge peu attirantes et celles qui semblent mécontentes.

Avec un air agacé, il attire l'attention du serveur et lui lance un regard accusateur tout en pointant sa montre du doigt. Il attend d'être servi, impatiemment. Son café lui est apporté rapidement, il le goûte en faisant une moue, bien trop corsé à son goût, comme il s'y attendait ! Il ajoute deux doses de sucre et agite nerveusement la cuillère dans la tasse. Il goûte de nouveau, cette fois trouvant la boisson trop sucrée. Et froide en plus ! Il souffle exaspéré. Se levant, il engloutit le café d'une seule gorgée, règle la note et sort en marmonnant. Il doit juste avoir assez de temps pour arriver au travail à l'heure. Il accélère le pas et s'arrête à la première boulangerie pour acheter un petit pain. Voyant quelques clients devant lui, il grogne dans sa barbe qu'il est pressé, maudissant à peine audible les personnes qui peuplent la planète sans réfléchir. Il trépigne d'impatience même si seulement trois clients le précèdent. Une fois sa viennoiserie en main, il la grignote en marchant, et encore une fois, il grimace. Il n'y a pas assez de chocolat à son goût ! Il se demande pourquoi les petits pains semblaient si bien garnis sur le comptoir. C'est une escroquerie ! Le boulanger est sûrement avare et le vole, il ne pourra pas emmener son argent au paradis !

Une fois au travail, il salue son chef de ligne à contrecœur, sans même essayer de paraître enthousiaste. Il se dirige vers la machine à café de l'entreprise, se sert une tasse, la trouve insipide et sans saveur, mais la boit tout de même par habitude en se rendant à son poste parmi ses collègues alignés le long de la chaîne de production automatisée. Son regard fixé sur le tapis roulant, il vérifie minutieusement la conformité des pièces qui sortent de la machine, requérant une vigilance constante. Chaque pièce subit un examen visuel et manuel rapide, tout défaut étant immédiatement rejeté. La directive est claire : rester attentif et réactif en permanence, avec rigueur et méthode ! Seules les pièces parfaitement conformes continuent leur chemin sur la chaîne de distribution.

Comme ses collègues, Tristan suit à la lettre les instructions de son chef. La pression constante est le quotidien de tous, mais sa nature tendue et anxieuse amplifie tout. Il effectue son travail machinalement tout en se plaignant intérieurement d'être traité comme un esclave. Son seul moteur est son salaire, deux fois le SMIC tout de même, mais le stress le ronge, et les mêmes gestes répétitifs l'ont transformé en une machine en apparence impassible, mais intérieurement en ébullition.

Il y a peu de distinction entre lui et le robot sur lequel il effectue des opérations, si ce n'est que la machine ne se préoccupe pas de sombres états d'âme et ne grogne pas avec des imprécations incompréhensibles.

Cependant, malgré ses grincements intérieurs, notre opérateur renfrogné s'est résigné à ce conditionnement. Il a accepté, comme il le dit lui-même, son destin de défavorisé, n'ayant ni l'intention de le changer ni de l'adoucir. Convaincu que c'est ainsi que fonctionne la vie, il se conforme sans difficulté à sa situation. Il collabore en équipe et doit maintenir une cohérence constante avec ses collègues de ligne, ce qu'il réussit plutôt bien. Tous partagent les mêmes difficultés, se comprennent. Ils se perçoivent comme les victimes de la société, se rassurant en pensant que les choses finiront par s'améliorer, que la malchance est temporaire et que des jours meilleurs arriveront tôt ou tard. Cependant, ils ne prennent aucune initiative pour améliorer leur situation, ce qui fait que le provisoire persiste.

Tristan n'est pas particulièrement apprécié par sa hiérarchie, et son contrat de travail a déjà failli être résilié plusieurs fois. Mais comme il fait son travail correctement, on tolère sa présence. Le responsable de production argue du fait qu'il est un employé obéissant et discipliné, qui suit les consignes sans les remettre en question, avec rigueur. C'est un soldat fidèle, prêt à supporter son comportement grognon et son expression maussade. Il est toujours à l'heure et entretient correctement sa machine. Il ne nourrit aucune ambition, n'a jamais demandé d'augmentation et n'a jamais sollicité de congé ou d'autorisation d'absence. Il se satisfait docilement de ce qu'il reçoit et n'a jamais été réprimandé.

Toujours pressé, il rentre chez lui en accélérant le pas, le regard rivé au sol. Cette habitude remonte à il y a environ deux ans, quand il avait heurté un pavé déchaussé et s'était retrouvé étalé dans une flaque d'eau, le front écorché et les lunettes brisées. Il n'avait pas réussi à se relever seul, non pas à cause de la douleur, mais de la honte qui l'avait immobilisé au sol. Il avait dû tendre la main à un passant qui lui proposait de l'aide. Tristan déteste être redevable. Il ne demande jamais rien à personne. De cette façon, personne ne lui demandera jamais rien non plus. Depuis cet incident, il observe attentivement où il pose les pieds, veillant à enjamber ou à contourner tout obstacle sur son chemin. S'il lève parfois les yeux, c'est pour jeter des regards envieux ou hostiles aux personnes qu'il perçoit comme favorisées, arrogantes ou malhonnêtes. Comme cet individu imposant qui conduit un 4x4 brillant, probablement volé ou obtenu illégalement ! C'est injuste ! Pourquoi ces parasites peuvent-ils se permettre de rouler dans de luxueuses voitures alors que les honnêtes citoyens ont une existence difficile ? Tristan trouve toujours de quoi se plaindre. Même s'il s'est accommodé de sa vie monotone et morose, il ne peut s'empêcher de convoiter celle des autres.

Une fois chez lui, il jette un regard mécontent à l'horloge. Quoi, il est déjà 14 heures ! Pourtant, il est rentré directement chez lui, tellement pressé d'arriver à la maison qu'il n'a pas pensé à acheter de quoi déjeuner. Il ouvre le réfrigérateur et sort un camembert entamé. Dans le placard, l'étagère à conserves est presque vide, il devra se contenter d'une boîte de thon à la tomate. Il reste un peu de pain de la veille, seulement trois tranches, mais ça suffira pour un sandwich improvisé. Tristan prend son repas rapidement, critiquant naturellement le fromage trop fait et la sauce tomate qui dégouline. Il en a sur les mains, bien fait pour lui d'en avoir mis autant ! Il s'essuie en pensant qu'il est idiot, décapsule une bouteille de bière et l'avale d'une traite, sans apprécier la fraîcheur désaltérante. Un peu fatigué, il s'allonge sur le clic-clac, directement sur les draps froissés, et s'endort devant la télévision.

Le son strident du téléphone interrompt son sommeil. Sans même savoir qui appelle, il maudit l'imbécile qui ose perturber son repos. « Tu m'emmerdes, Swan ! », marmonne-t-il en jetant un coup d'œil à l'écran. Il répond avec réticence, signalant qu'il est au lit et épuisé. « Tu rigoles ou quoi ? Il fait encore jour, bouge tes fesses et sors de ton trou ! », insiste Swan. Bien qu'à contrecœur, il se lève et se rend au point de rencontre habituel avec son ami, au bistrot du coin appelé La Caverne. Ils commandent tous les deux une bière et entament une discussion sur leur journée de travail. Bien qu'ils travaillent tous les deux dans la même entreprise, à des postes différents - l'un en tant qu'agent de production de ligne, l'autre en tant que soudeur - ils échangent leurs frustrations. Tristan se plaint de son travail pénible, mais Swan réplique que le sien est encore pire car il doit souder des pots d'échappement pendant huit heures par jour et inhaler les vapeurs toxiques qui s'en dégagent.

– Certes, mais tu gagnes plus que moi, alors c'est à toi de payer la tournée ! Et ainsi débute une série de critiques interminables envers leurs supérieurs. Toute la hiérarchie y passe. Même leurs collègues ne sont pas épargnés, chaque aspect de leur apparence physique est minutieusement disséqué : celui-ci a un nez aussi gros qu'un museau de bouledogue, celle-là a un postérieur aussi large qu'une baleine à bosses, l'autre a un ventre digne d'une femme enceinte de jumeaux...

L'UPPERCUT DE MA DÉLIVRANCE

Jérôme, le responsable du réglage, est régulièrement la cible de leurs critiques acerbes. Tristan est convaincu que le pauvre GG subit des violences de la part de sa femme : – As-tu vu GG ce matin ? Il avait l'air mal en point, je suis sûr qu'il s'est encore fait remettre en place à la maison ! Ce n'est pas lui qui porte la culotte, c'est évident, alors il prend sa revanche sur moi, ce crétin ! Et puis il est toujours en train de lécher le cul des autres... Et pendant plus de deux heures, ils laissent libre cours à leurs commentaires, mélangeant critiques et commérages pour mieux spéculer sur la vie des uns et des autres, telles deux commères professionnelles dans l'exercice de leur art.

Il est 19 heures, l'heure pour Swan, qui est marié, de rejoindre sa famille pour le dîner. Les deux amis prennent congé l'un de l'autre et, sur le chemin du retour, Tristan entre dans une pizzeria où il commande une pizza quatre fromages à emporter, avec un œuf au centre. De retour chez lui, il dévore la pizza encore chaude. Elle est bonne, songe-t-il, mais elle aurait pu être meilleure si le pizzaiolo avait utilisé plus de fromage bleu et moins de chèvre. Et si l'œuf avait été moins cuit. C'est plus fort que lui, il trouve toujours quelque chose à redire à tout !

Il lâche un « merde ! » tout en pensant qu'il doit se laver rapidement. Il se précipite vers la salle de bains et, une fois sous la douche, règle le thermostat pour obtenir une eau tiède. Mais, comme d'habitude, rien ne va. Il se met à insulter le thermostat défectueux et l'eau qui est soit trop chaude soit trop froide. Il ne manque pas de maudire le shampoing qui lui brûle les yeux, ce « foutu shampoing de merde ! » En sortant de la cabine de douche, il s'acharne sur la maudite porte en verre, pestant contre le fait qu'elle fuit et forme une flaque d'eau. Il essuie rapidement le sol et enfile son caleçon en grognant, comme toujours.

Assis devant la télévision, il décapsule une bière qu'il avale sans vraiment en savourer le goût, tout en regardant le journal du soir. Il en a assez, toujours ces faits divers insignifiants ! « Mais à quoi bon se soucier des accidents et des manifestations, c'est la même rengaine tous les jours. Il faut arrêter avec toutes ces absurdités », fulmine-t-il ! Les informations politiques l'exaspèrent également, que racontent donc ces prétendus experts qui n'y comprennent rien ? Il se considérerait lui-même comme un analyste bien meilleur et est persuadé qu'il s'en sortirait certainement mieux à leur place.

Cela vaut également pour le film acclamé par le public, mais qui à ses yeux s'avère être d'une nullité totale ! Le jeu des acteurs est lamentable, pas un seul pour rattraper l'autre ! Il les critique tous avec véhémence et se dit qu'il jouerait mille fois mieux qu'eux. Les réalisateurs ne savent pas ce qu'ils manquent, ils auraient dû l'inclure dans le casting. Malheureusement, ils n'ont pas eu l'occasion de croiser son chemin…

Enfin, le film touche à sa fin. Il se fait tard, Tristan ouvre son clic-clac et lâche un profond soupir. Vivement le week-end pour pouvoir flâner enfin et faire la fête, songe-t-il avant de s'endormir.

Voilà à quoi ressemble une journée typique de quelqu'un qui ne semble apprécier ni les choses ni les gens, y compris lui-même. On aurait pu ajouter plus de détails personnels à ce portrait, une famille, la pratique d'un sport, un loisir ou tout autre aspect de la vie quotidienne, mais cela n'aurait pas changé grand-chose dans l'ensemble. Il est évident que Tristan ne s'aime pas et qu'il a une faible opinion des autres.

Deuxième partie
Félicien

« Le jour où je me suis aimé pour de vrai, j'ai compris qu'en toutes circonstances, j'étais à la bonne place, au bon moment. »

Charlie Chaplin

Voyons à présent à quoi ressemblerait la journée d'une personne dotée d'une estime positive d'elle-même et des autres, reconnaissante d'être en vie et consciente de la véritable valeur des choses - celle du moment présent et de sa propre existence. Imaginons une personne équilibrée, épanouie et heureuse d'être tout simplement ici et maintenant, instant après instant, jour après jour, et nuit après nuit.

C'est un lundi matin, et la sonnerie mélodieuse du réveil se déclenche en douceur, réveillant Félicien avec une quiétude apaisante. Le coussin moelleux sous sa tête prolonge cette sensation d'avoir dormi sur un nuage. Reconnaissant pour une nuit agréable et régénératrice, il se lève avec un sourire aux lèvres et exprime sa profonde gratitude envers la vie qui pulse en lui avec une telle intensité chaque jour. Chaque matin, il accueille son réveil comme un moment privilégié entre le sommeil et la conscience, un rituel qui renouvelle chaque jour une nouvelle naissance, une transition apaisante de la frontière entre le monde des mortels et celui des vivants - un retour aux réalités terrestres après un voyage dans une autre dimension.

L'UPPERCUT DE MA DÉLIVRANCE

Félicien écarte les rideaux et savoure le spectacle de la légère bruine d'automne tombant en silence. Il ouvre ensuite la fenêtre pour aérer la pièce et inhale profondément l'air frais porteur de la subtile odeur de l'asphalte. Il apprécie la pluie fine et imperceptible qui, à force, mouille autant qu'une averse. Cette pluie imprègne l'air de sa fraîcheur bienfaisante, rappelant à quel point il est vital de remplir ses poumons de cette énergie revitalisante. Félicien ressent une joie d'être en vie et en bonne santé, et une joie encore plus grande d'être pleinement conscient de ce bonheur. La vie elle-même est une source de récompense, un présent qu'il accueille chaque jour avec enthousiasme et émerveillement.

Dans la salle de bains, le rideau de douche orné de motifs verdoyants sur fond azur l'emmène mentalement sur une île tropicale. Il ouvre le robinet du lavabo, laissant l'eau froide mais vivifiante couler pendant un moment. Il éclabousse son visage, humidifie ses cheveux et sa nuque, puis se regarde dans le miroir avec un sourire. Il sait qu'il est beau et se coiffe légèrement avec les doigts, en soulignant les tempes pour affiner ses traits. Oui, il est satisfait de son reflet, même heureux. Après tout, n'est-il pas une création à l'image du Créateur, une œuvre parfaite qui mérite d'être appréciée à sa juste valeur ?

En quittant la salle de bains, Félicien veille à tirer soigneusement le rideau de douche aux couleurs exotiques, s'immergeant une dernière fois dans ce décor inspirant. Ensuite, il fait son lit en secouant les draps avant de les ajuster soigneusement sur le matelas, puis il referme délicatement le canapé-lit. Il arrange les coussins sur la banquette avec attention et effleure les accoudoirs d'un geste bienveillant. Le canapé-lit paraît ainsi encore plus accueillant, et Félicien lui accorde un regard satisfait assorti d'un sourire apaisé.

Dans sa garde-robe, Félicien attrape directement le pantalon de motard qu'il affectionne particulièrement par temps de pluie. Ce jean, légèrement délavé mais étanche, est surtout reconnu pour sa durabilité et son incroyable confort. Ensuite, il opte pour le haut qu'il associe invariablement : un tee-shirt à manches longues orné d'un imposant arbre au centre, ses branches se ramifiant telle une trame de neurones. Cette image lui donne l'impression d'être lui-même un chêne séculaire, debout en direction du ciel tout en étant solidement enraciné dans le sol, un équilibre entre la terre et le cosmos.

Une fois habillé, il se dirige d'un pas décidé vers la cuisine, entrant presque en faisant une révérence. Pour lui, c'est comme entrer dans un sanctuaire des saveurs, un espace magique qui éveille ses sens. Il se prépare une tasse de café qu'il savoure avec un double contentement, se servant tout en se laissant servir. Il se perçoit à la fois comme serviteur et maître, prenant soin de lui-même comme s'il était un roi, appréciant avec satisfaction chaque préparation. Chaque gorgée de café est un plaisir pour ses papilles, et il ne peut s'empêcher de s'émerveiller. Cependant, l'heure de se rendre au travail arrive.

Félicien enfile sa veste et quitte son domicile, un sourire aux lèvres. Sur le pas de sa porte, il ouvre son parapluie et avance, à peine retenu pour ne pas sautiller de joie. Finalement, il se laisse aller à chantonner sous la pluie, à la manière de Gene Kelly dans une scène familière.

Arrivé à la boulangerie, il retient la porte pour laisser passer une dame qui se trouvait derrière lui. En la saluant chaleureusement, il referme son parapluie et entre à son tour, lançant un enjoué "Bonjour messieurs dames !" accompagné d'un sourire contagieux pour tous. Il se procure un petit pain au chocolat, remerciant la vendeuse avec son plus beau sourire. À peine le sachet kraft entre ses mains, il hume l'arôme alléchant et ne peut s'empêcher de saliver rien qu'à l'odeur. Bien protégé sous son parapluie, il déguste sa viennoiserie tout en marchant d'un pas alerte. Chaque bouchée lui procure une véritable expérience gustative, et il exprime sa gratitude au boulanger tout en savourant l'équilibre parfait entre douceur et amertume, croquant et fondant au cœur de la pâte feuilletée moelleuse.

Félicien arrive au travail et salue chaleureusement toute personne croisée sur son chemin. Sa bonne humeur contagieuse lui attire la sympathie de tous les employés, qui lui rendent volontiers son sourire et le saluent chaleureusement. Une fois à son poste, il s'installe face à sa machine, qu'il salue en plaisantant avec un "Salut, ma belle !" avant de se mettre au travail avec entrain, accompagné de son air favori, une mélodie joyeuse qui apporte de l'énergie et égaye son esprit. Peu importe l'endroit, il apprécie l'instant présent et trouve du bonheur dans ce qu'il fait autant que dans ce qu'il possède.

La matinée passe rapidement, Félicien ne voit pas le temps passer et quitte sa machine avec une certaine nostalgie, ne manquant pas de lui dire au revoir. Il ressent un besoin inné de communiquer avec les objets comme s'ils étaient des personnes. Il exprime régulièrement sa gratitude envers les choses et les gens, trouvant toutes les occasions pour exprimer sa joie et sa reconnaissance. Convaincu que l'Univers est omniprésent, il remercie tout ce qui l'entoure, car sa foi le guide.

En rentrant chez lui, il prépare un savoureux repas. Félicien lave, épluche et découpe méticuleusement des légumes frais et variés pour concocter une ratatouille copieuse. Adepte de la diversité, il choisit des fruits et des légumes riches en saveurs et en couleurs, ajoutant une touche d'arc-en-ciel à son réfrigérateur. Dans le wok, les morceaux de poivrons rouges, verts et jaunes rivalisent avec le violet des aubergines et le rouge vif des tomates. Quelques oignons blancs et de l'ail noir complètent cette palette, agrémentée de basilic tendre et de coriandre fraîche, la touche de verdure essentielle qui relève subtilement la tchektchouka méditerranéenne. Une pincée de sel marin, un filet d'huile d'olive, un soupçon de poivre libèrent les parfums délicats d'un plat simple mais consistant, vibrant de saveurs et de couleurs.

Pendant qu'il cuisine, Félicien s'adresse avec tendresse aux légumes et aux herbes, les chouchoutant et exprimant sa gratitude pour l'arôme qu'ils répandent dans la maison. Il termine en cassant délicatement trois œufs sur les légumes rissolés, puis réduit le feu pour deux dernières minutes de cuisson, à couvert, pour saisir uniformément les jaunes et les blancs, préservant leur éclat.

La ratatouille est enfin prête ! Avec précaution, Félicien la démoule dans une grande assiette de service à bordure jaune sur fond blanc. Ce tableau éphémère, destiné à être dégusté dès qu'il est achevé, est pour lui une offrande à l'Univers et à la vie, une nourriture à la fois terrestre et céleste, simple et pourtant si riche. Du pain aux céréales complètes, provenant de l'artisan boulanger réputé pour ses délicieux pains au chocolat, accompagnera à merveille cette sélection de légumes. Félicien coupe une généreuse tranche et savoure son repas, exprimant sa gratitude par une prière silencieuse, une habitude qu'il chérit autant qu'elle le guide, et qu'il accomplit avec joie et reconnaissance.

Après avoir terminé son repas, il s'attelle volontiers à ranger la cuisine, conservant son enthousiasme constant. Il apprécie l'ordre et la propreté, considérant le ménage comme une tâche valorisante plutôt qu'une corvée. Une fois tout en place, il décide de faire une brève promenade dans le parc voisin pour allier santé et plaisir dans un environnement propice à la détente et à la tranquillité. Il serait dommage de ne pas profiter de ce vaste jardin boisé, surtout pour admirer les magnifiques couleurs de l'automne. Le sentier de terre, bordé de sable ambré, guide Félicien à travers les flaques de pluie parsemant le chemin. Après environ une demi-heure de marche soutenue, les premières gouttes d'une averse imminente le poussent à faire demi-tour, suivant l'exemple de quelques marcheurs croisés auparavant. Alors que la pluie s'intensifie, il accélère le pas, salue les derniers promeneurs et rentre rapidement chez lui après avoir souhaité à chacun une agréable fin d'après-midi.

Ravi de retrouver son chez-soi, il s'allonge sur son canapé-lit et se plonge dans une lecture captivante, un livre offert par un ami proche qui connaît bien ses goûts et son désir de découvrir le monde. Les premières pages l'absorbent complètement et le transportent à l'autre bout du globe. Cependant, après vingt minutes de lecture de plus en plus laborieuse, il s'assoupit involontairement, le livre reposant sur sa poitrine. Son rêve diurne le transporte vers des horizons lointains, se perdant dans un voyage onirique.

Le son doux d'une sonnerie téléphonique le tire doucement de sa sieste. Il émerge de ses trente minutes de sommeil paisible, se sentant revigoré et plein d'énergie. Il est temps de retrouver sa petite amie pour leur jogging habituel en fin d'après-midi. Enfilant son survêtement et ses baskets de course préférées qui lui procurent une sensation de légèreté et de protection, il se rend au parc. Il salue chaleureusement son amie qui l'attendait avec impatience. Comme toujours, sa présence dégage une aura apaisante et bienfaisante, lui conférant une énergie indescriptible. C'est une sorte de sérénité dynamique, un équilibre parfait entre douceur et vitalité, comme si un carburant invisible irriguait ses veines et ses muscles.

Félicien et Sandra entament leur course à un rythme modéré, engagés dans une conversation qui se prolongera tout au long de leur parcours. Ils accélèrent ensuite légèrement leur cadence, et leurs mots s'échangent au rythme de leurs respirations. Leur dialogue englobe une multitude de sujets : les préparatifs pour le spectacle de samedi soir, les réalisations professionnelles de Sandra qui suscitent l'admiration et même la jalousie de ses collègues, ainsi que les théories controversées qu'ils ont découvertes dans leurs lectures récentes, en particulier celles concernant les effets des métaux lourds sur la santé. Félicien, persuadé par ces théories, envisage même de faire retirer les plombages au mercure de ses dents.

L'UPPERCUT DE MA DÉLIVRANCE

Après avoir parcouru dix kilomètres, tous deux essoufflés, ils concluent leur débat sur les métaux lourds avec une certaine dose de scepticisme, surtout compte tenu du fait que Sandra travaille en tant qu'assistante dentaire. Une fois la course terminée, ils prennent quelques minutes pour marcher côte à côte jusqu'à la sortie du parc. L'appétit éveillé par l'exercice, ils décident de dîner ensemble au Mantra, un restaurant indien réputé pour ses plats délicieux, notamment les naans au fromage et le curry d'aubergines. Ils se donnent rendez-vous à 19 heures et rentrent chacun chez eux pour prendre une douche et se préparer.

De retour à la maison, Félicien ne perd pas de temps et se glisse sous la douche. L'eau coule sur son corps, procurant une sensation de chaleur tonifiante, presque comme une cascade chaude près d'un geyser au pied des montagnes finlandaises. Il chante joyeusement tout en se lavant avec un savon parfumé au musc, se laissant emporter par les senteurs épicées qui évoquent des contrées lointaines.

Il exprime sa gratitude envers l'eau pour ces caresses veloutées, reconnaissant le bien-être absolu qu'elle lui offre ainsi que ses propriétés purifiantes qui détendent son corps et son esprit. Félicien sait que l'eau qui s'écoule maintenant est différente de celle d'hier, alors il adresse simplement un merci et savoure cette expérience apaisante. Après sa douche, il se sèche avec une serviette mauve, le doux parfum de lavande l'enveloppant subtilement. Il croit même entendre le chant des cigales, une mélodie stridente qui, de manière paradoxale, l'apaise en le transportant mentalement vers les rives méditerranéennes. Lorsqu'il se regarde dans le miroir, il contemple la créature la plus belle à ses yeux, une œuvre façonnée par Dieu. Oui, il se trouve beau. Il est beau.

Félicien soigne sa coiffure et ajuste ses cheveux avec délicatesse, choisissant ses vêtements avec goût tout en méditant sur l'harmonie qu'il forme avec Sandra. Il prévoit qu'elle portera probablement sa robe-chemise taupe, le cadeau d'anniversaire qu'il lui a offert récemment. En retour, elle lui avait offert une cravate assortie, afin qu'ils puissent coordonner leurs tenues avec élégance. Lorsqu'ils sortent ensemble, ils veillent toujours à assortir discrètement leurs vêtements pour marquer leur connexion avec style et raffinement.

Félicien se prépare et réalise qu'il dispose encore d'un peu de temps avant de devoir partir. Il voit cette période comme une opportunité parfaite pour méditer. S'installant dans son fauteuil ergonomique, il pose les pieds nus à plat sur le sol, ferme les yeux et se laisse emporter par une force intérieure sur laquelle il concentre toute son attention. Il plonge profondément en lui-même, vidant son esprit de toute pensée pour entrer en contact avec son être intérieur. Dans ce moment de calme, il découvre ce sentiment d'être simplement présent, sans aucun attachement au temps ni à l'espace, connecté à son être profond. Rempli de gratitude et d'amour, il apprécie ce moment de connexion intime avec lui-même et la sensation d'expansivité de son être… dans l'espace.

Après cette méditation qui a duré vingt minutes, Félicien enfile rapidement ses chaussures et sa veste, puis se dépêche de rejoindre Sandra.

Au restaurant, tout en savourant un délicieux repas, il partage ses pensées avec sa bien-aimée. Les plats épicés sont disposés en rosace au centre de la table, et leur conversation enthousiaste est ponctuée de rires joyeux. Les autres clients ne sont pas dérangés, bien au contraire, ils jettent des regards admiratifs et un peu envieux en direction du couple. Quelle belle harmonie ! Quelle joie de vivre ! Ils semblent si bien connectés que même le propriétaire du restaurant tient à leur offrir le dessert. L'heure avance, la nuit tombe, et il est temps de rentrer. Ils se quittent avec des baisers chaleureux qui réchauffent le cœur. Se sentir aimé autant qu'on aime est une sensation merveilleuse.

L'UPPERCUT DE MA DÉLIVRANCE

De retour chez lui, Félicien prend soin de ses dents avec une attention méticuleuse en utilisant une brosse en fibres naturelles qu'il a affectueusement surnommée "ma belle". Pour lui, cet objet va bien au-delà de son utilité, il lui attribue presque une personnalité et une âme. Après tout, elle veille sur sa santé buccale et caresse ses dents. C'est un objet précieux qu'il garde toujours à portée de main, et qui a été témoin de tous ses voyages.

Il enfile son caleçon de nuit orné d'étoiles scintillantes, un vêtement qu'il apprécie particulièrement car il lui donne l'impression de voyager dans le cosmos, à travers les étoiles et les nébuleuses. Il ouvre le canapé-lit et se glisse entre les draps de coton, qui portent encore les subtiles senteurs de l'adoucissant à la vanille des îles. Confortablement installé, la tête posée sur son oreiller moelleux, il reprend sa lecture à l'endroit où il l'avait laissée. Il se laisse emporter dans un territoire inconnu, s'évadant du quotidien pour explorer des paysages nouveaux et captivants.

Mais Morphée insiste avec insistance. Malgré sa résistance, il sent ses paupières s'alourdir et son attention faiblir. Finalement, il pose doucement le livre sur la table basse à portée de main et éteint la veilleuse après un long bâillement suivi d'un soupir de soulagement. Il se tourne sur le côté et accueille avec gratitude ce moment tant attendu de repos bien mérité. Paisiblement blotti sous sa couette moelleuse, il se laisse envelopper par la nuit et son épais brouillard protecteur.

C'est ainsi, en grandes lignes, que se déroule la journée de Félicien. Bien que ce soit un aperçu succinct, il capture les traits distinctifs d'une journée positive et inspirante vécue par une personne qui fait face à la vie avec un sourire.

C'est l'opposé de Tristan, qui est enlisé dans ses habitudes et sa nature acerbe. Il manque de joie et adopte souvent une attitude négative. Il ne s'aime pas et n'éprouve guère d'affection envers les autres. En se critiquant sans cesse et en nourrissant son ego, il tente de se valoriser en rabaissant autrui. S'il ne parvient pas à s'aimer lui-même, il ne pourra jamais ressentir de l'amour pour les autres. S'il ne parvient pas à apprécier ce qu'il fait, il ne pourra pas non plus apprécier les actions des autres. Il vit dans un vide d'amour qu'il doit impérativement combler. Pour ce faire, il doit déterminer la cause profonde de ce manque et même identifier son origine, qui varie grandement d'une personne à l'autre.

Il doit entreprendre cette quête en partant de lui-même et en fouillant en profondeur pour mettre le doigt sur la source du problème. Il doit se poser des questions honnêtes et faire face à la réalité sans crainte. Pourquoi je ne m'aime pas ? Est-ce lié à mon apparence physique ou à mon état émotionnel ? Est-ce parce que je ne me trouve pas attirant ? Mon manque d'estime de moi provient-il de mon nez imposant ou de quelques kilos en trop ? Peut-être que j'accorde trop d'importance à la voix critique dans ma tête qui ne cesse de me le rappeler ?

Il est crucial de se souvenir que nous vivons dans un monde où la société nous conditionne à concevoir la beauté selon des critères préétablis, afin de pouvoir exploiter cette conception à des fins lucratives. On nous fait croire que la beauté réside dans des proportions précises pour le nez ou un corps mince et élancé. Cette vision étroite de la beauté est vendue à travers des produits et des opérations censés nous aligner sur cette norme artificielle.

Cependant, croyons-nous sincèrement que la beauté est perçue de la même manière par tous ? C'est une erreur commune causée par un manque d'individualité et de discernement. Plutôt que de faire confiance à notre instinct et à notre intuition, la plupart d'entre nous suivent la masse et se conforment docilement à l'image artificielle imposée par la société à travers des publicités trompeuses, dont le seul but est de stimuler la consommation pour générer des bénéfices astronomiques.

L'UPPERCUT DE MA DÉLIVRANCE

Il est essentiel de commencer par reconnaître toute la beauté qui réside en vous, une beauté qui peut s'exprimer de multiples façons. Cette beauté peut certainement se refléter dans votre apparence physique. Cependant, demandez-vous si une apparence conventionnellement conforme aux normes actuelles est réellement plus proche de la véritable beauté qu'une apparence moins standard mais dotée d'un charme unique. Le charme est une qualité extrêmement puissante qui définit la beauté, et je peux vous assurer que le charme dépasse de loin l'apparence physique. Il peut se cacher derrière un sourire orné de fossettes adorables ou même être accompagné d'une cicatrice mystérieuse. Le charme peut également résider dans une démarche gracieuse, une allure particulière, voire dans le timbre d'une voix. Une personne aveugle peut être charmée par quelqu'un qu'elle ne peut même pas voir, car elle n'a pas besoin de ses yeux pour être séduite. Une voix ou même la texture d'une peau lui suffisent pour ressentir la beauté, un ressenti qui n'est pas perceptible à travers le regard mais qui lui dit ce qu'elle trouve beau.

Un amateur d'art et de peinture peut percevoir la beauté d'une œuvre d'art alors qu'un novice ne la verra peut-être pas. Un même coucher de soleil peut émerveiller une personne et laisser indifférente une autre. Pour déceler la beauté parfois cachée dans les personnes et les choses, il faut être passionné. C'est de cela qu'il s'agit : passion. Avant tout, vous devez apprendre à vous passionner pour vous-même, puis pour les autres, et finalement pour tout ce qui vous entoure. Vous devez aussi apprendre à fermer les yeux pour ressentir la beauté sans nécessairement la percevoir visuellement. Vous pouvez tomber amoureux d'une personne rien qu'en parlant au téléphone, sans jamais l'avoir vue en personne, simplement à travers le son de sa voix.

Tournez votre regard vers votre être intérieur et découvrez la passion pour tout ce que vous y trouverez. Permettez-moi de vous donner un exemple : supposons que vous ayez un nez imposant. Je choisis cet exemple car cela me concerne également et j'ai dû faire face à des remarques désobligeantes pendant mon enfance de la part d'autres enfants.

Admettons que vous avez un nez plus grand, une caractéristique typique des régions plus ensoleillées, alors que vous vivez en Europe où les nez tendent à être plus fins. Vous pourriez donc être enclin à considérer que votre nez est différent, et peut-être même à le dévaloriser. Toutefois, il ne faut pas oublier que le regard des autres peut parfois être dérangeant, mais cela ne signifie pas que votre nez est laid. Il est simplement plus large, et cela a ses avantages. Par exemple, il vous permet de respirer plus aisément et peut même vous rendre plus performant lors de vos activités sportives. Voyez votre nez à travers tous les bénéfices qu'il vous apporte : il facilite votre respiration, ce qui est sa principale fonction ; il est correctement centré sur votre visage et sa symétrie est respectée ; il possède deux narines, comme tous les autres nez, et non trois ; sa teinte s'harmonise avec celle de votre visage. Du point de vue fonctionnel, tout est en ordre, et même esthétiquement, en dehors de sa largeur accrue, il n'y a aucune raison de dramatiser. Pourtant, malgré toutes ces considérations positives, il est possible que vous vous obstiniez à le juger moche, créant ainsi un complexe inutile.

Lorsque vous respirez de l'oxygène, c'est par vos narines qu'il pénètre dans vos poumons. Apprenez à leur être reconnaissant. Même lorsque vous êtes enrhumé, vos narines jouent un rôle crucial en éliminant le mucus qui obstrue vos voies respiratoires. Ainsi, si elles sont plus larges, c'est pour permettre une meilleure entrée d'oxygène et une évacuation plus rapide du mucus. Envisagez la praticité de ce "problème" apparent et acceptez-vous tel que vous êtes. Soyez fier de cette partie vitale, située au centre de votre visage, qu'est votre nez. Considérez-le comme unique et chérissez-le simplement.

L'UPPERCUT DE MA DÉLIVRANCE

Prenez un autre exemple : vous avez l'impression d'être en surpoids, sans parler d'obésité, mais juste avec quelques kilos en trop selon votre indice de masse corporelle (IMC), bien que cela n'affecte en rien vos performances physiques. Votre taille, 180 centimètres, situe un poids idéal à 85 kilos, alors que vous en faites 95. L'écart de 10 kilos peut sembler important. Ce soi-disant excès de poids vous perturbe lorsque vous vous regardez torse nu dans le miroir.

Cependant, considérez que si l'IMC recommande 85 kilos, ce n'est pas une vérité absolue. Les spécialistes derrière cette formule ne sont pas infaillibles. Vous n'êtes pas contraint de maigrir pour atteindre cet objectif. Même si ces kilos indésirables vous gênent avec des vêtements ajustés, cela ne doit pas vous rendre malheureux.

Le simple fait que vous puissiez vous pencher pour nouer vos lacets sans difficulté ou monter trois étages sans essoufflement signifie que vous êtes en bonne santé. Le sport que vous pratiquez pour maintenir votre forme physique va bien. Ces kilos en trop ne devraient pas rendre votre vie pénible. Il se peut que vous ayez une ossature plus solide ou que vous reteniez de l'eau. Peut-être que votre système digestif nécessite un nettoyage pour éliminer les déchets accumulés.

Certes, vous n'avez pas le corps d'un athlète professionnel, mais ce n'est pas votre but. Vous comprenez que les efforts requis pour y parvenir sont considérables et exigeants. Sculpter des abdominaux en tablette de chocolat n'est pas non plus une priorité quotidienne de deux heures pour vous. Malgré cela, l'envie de ressembler ne serait-ce qu'un peu à ceux qui ont cette apparence physique vous titille.

Si vous aspirez à avoir le physique d'un bodybuilder, cela nécessitera un engagement rigoureux pour obtenir des résultats. Les bodybuilders sont passionnés, ils s'apprécient énormément et considèrent leur corps comme une œuvre d'art. Ils suivent des régimes stricts, planifient des siestes minutieuses et font preuve d'une discipline draconienne, au détriment parfois de leur vie personnelle.

L'acceptation de soi et la reconnaissance de votre unicité sont essentielles. N'oubliez pas que les standards de beauté et de forme physique varient, et que votre bien-être et votre santé sont les priorités.

Si votre vie est plus simple à gérer que celle d'un bodybuilder ou d'un athlète de haut niveau, il est important d'accepter les revers qui en découlent. Cela signifie que vous pouvez avoir un peu de graisse ici et là. Cependant, vous n'êtes pas contraint de suivre toutes les règles strictes en matière d'alimentation que ces champions doivent respecter. Vous êtes simplement normal, et cela ne vous dérange pas beaucoup d'avoir quelques rondeurs, pourvu qu'elles ne compromettent pas votre santé.

Au Moyen Âge (et même dans certaines cultures de nos jours), les préférences pour la silhouette féminine variaient. Les femmes aux formes généreuses étaient alors admirées, car cela reflétait leur accès à la nourriture et leur statut social élevé. À cette époque, l'embonpoint était valorisé et considéré comme un signe de prospérité, plutôt que d'être vu comme un excès de poids.

De nos jours, la tendance s'est inversée. Beaucoup de gens sont confrontés à la surconsommation et à l'obésité, en particulier dans certaines catégories sociales. Les habitudes alimentaires sont devenues moins saines, surtout parmi les groupes moins privilégiés. Les messages de surconsommation alimentaire et les modèles de beauté irréalistes se contredisent.

N'entrez pas dans ce piège ! Votre apparence doit vous satisfaire avant tout. Tant que votre santé n'est pas compromise par un gain de poids excessif, soyez content de votre reflet dans le miroir. Ne cherchez pas à correspondre à des idéaux inatteignables. Rappelez-vous que vous êtes une création unique de Dieu, et apprenez à vous aimer. En pratiquant l'auto-complimentation et en travaillant sur votre estime de vous, vous pouvez progresser vers une meilleure image de vous-même.

Apprenez à voir la beauté qui réside en vous et exprimez votre gratitude envers elle. En cultivant cette perspective, vous pourrez apprécier davantage la beauté chez les autres, même chez ceux que vous avez précédemment jugés peu attirants. Cherchez la beauté dans tout ce qui vous entoure et investissez-y de la passion. Le principal obstacle à percevoir la beauté de la vie et de son environnement est intérieur - c'est votre propre perception négative.

Tout possède une dualité : homme et femme, eau et feu, lumière et obscurité, etc. L'équilibre réside dans la reconnaissance de ces polarités en vous. Vous détenez des aspects positifs et négatifs, et l'un ne peut exister sans l'autre. L'obscurité n'est que l'absence de lumière, mais la lumière ne peut exister sans l'obscurité. Pour posséder les qualités positives, il est essentiel d'accepter vos défauts. Ils sont les deux facettes inséparables d'une même réalité. Plutôt que de critiquer les autres pour leurs défauts, faites preuve de compassion et d'indulgence envers eux.

Apprenez à entretenir une opinion flatteuse de vous-même, cultivez l'amour envers vous-même et évitez les réflexions blessantes et les critiques dévalorisantes. Soyez le sculpteur de votre propre identité, et au fur et à mesure que vous façonnerez ce bloc qui est votre être, vous découvrirez en vous la plus belle des créatures, une œuvre merveilleuse en devenir.

On ne peut offrir ce que l'on ne possède pas. En aimant, vous répandrez l'amour. En cultivant la beauté intérieure, vous rayonnerez de beauté. Votre sourire suscitera des rires et votre bonheur apportera du réconfort. Gardez à l'esprit que cette dynamique fonctionne dans les deux sens. Une personne toxique diffusera de la toxicité, et une personne envieuse ou jalouse en souffrira elle-même tout en affectant les autres.

Comme vous l'avez compris, le bien-être découle largement de vos comportements. Les habitudes et la gestion du stress, évoquées dans le premier chapitre, ainsi que l'amour-propre et les thèmes abordés dans ce chapitre, jouent un rôle crucial. Évitez de vous contraindre à des règles répétitives qui souvent proviennent de l'éducation parentale ou du conditionnement social. Apprenez à gérer le stress de manière adaptée à chaque situation. Avant tout, apprenez à vous aimer, à vous apprécier, à valoriser votre propre personne, à vous accepter avec vos caractéristiques innées, tant qu'elles ne nuisent pas à votre santé. Préservez-vous et cherchez à vous faire du bien en toute circonstance

On peut être compétent dans de nombreux domaines, mais être parfait dans la plupart d'entre eux est rarement réalisable. La perfection réside à l'extrémité des défauts, car sans ces derniers, il n'y aurait rien à perfectionner. Acceptez donc vos imperfections et travaillez à les amener au moins à mi-chemin de la perfection. C'est à ce moment-là que vous commencerez à discerner plus clairement, car c'est là que la balance commencera à basculer vers l'amélioration. Une fois ce point atteint, vous sortirez de l'obscurité pour accéder à la clarté. En effet, la lumière émerge souvent des ténèbres, mais veillez à ne pas vous brûler dans ce processus.

Avant de conclure ce chapitre, j'aimerais partager une anecdote personnelle pour illustrer la puissance de l'amour et le pouvoir de ce sentiment. En 1994, j'ai épousé la femme de ma vie, mais notre chemin vers l'union a été long et difficile en raison de l'opposition farouche de mon beau-père. Les différences d'origine et de religion étaient les principaux motifs de son refus obstiné. Sans entrer dans les détails, nous avons finalement réussi à nous marier, bien que nos parents n'y aient pas assisté. Seuls nos amis ont été présents en tant que témoins. Mon épouse avait été exclue par son père qui l'avait bannie de la famille, interdisant toute communication entre elle, sa mère et même ses jeunes frères et sœurs à l'époque.

Les années ont défilé et en 1998, à la naissance de notre fils, une réconciliation a pu enfin se mettre en marche. Mon beau-père, têtu et plein de fierté derrière sa dense moustache, a consenti à parler avec moi, bien qu'il demeurait obstiné à ne pas voir sa fille. Il persistait à l'accabler de tous les torts et refusait de la rencontrer. Néanmoins, il acceptait enfin de dialoguer avec moi. Plus de temps a passé, et en 2001, à la naissance de ma fille, il est tombé sous son charme. Il a été touché par cette rencontre, et à travers ma fille, peut-être voyait-il la sienne, peut-être inconsciemment. Malgré cela, il continuait de rejeter toute idée de réconciliation et de bénédiction qui pourrait soulager le fardeau douloureux de sa fille.

En 2005, le destin a frappé durement mon beau-père. Il a été diagnostiqué avec un cancer de la plèvre, un mésothéliome redoutable résultant de son exposition à l'amiante tout au long de sa carrière professionnelle. En moins de six mois, il était devenu méconnaissable. Il a été admis à l'hôpital Mittan à Montbéliard, où se trouvait une unité de chimiothérapie. Cet établissement était craint par les familles car il se concentrait principalement sur les soins palliatifs, accompagnant les patients jusqu'à leur terme fatal.

À cette période, mes beaux-frères et belles-sœurs étaient encore très jeunes et leur père continuait de rejeter sa propre fille. C'est alors que j'ai pris la décision de prendre un congé pour m'occuper de lui à temps plein. J'ai expliqué à ma femme que le terme "beau-père" contient le mot "père", ce qui signifie que je devais prendre soin de lui comme s'il était mon propre père. C'est ainsi qu'a commencé une aventure émotionnellement éprouvante mais profondément belle, centrée autour de l'amour. Rien que d'y repenser, des frissons me parcourent le corps. C'est un souvenir qui me serre toujours le cœur et le simple fait de l'évoquer ici m'émotionne au point de faire briller mes yeux de larmes.

En quelques mois, j'ai appris à connaître un homme au cœur généreux, une personne que je rencontrais onze années après notre première rencontre. Je l'aidais à faire sa toilette, puis, une fois propre et rasé, je l'aidais à se rendre aux toilettes car il ne pouvait plus marcher. Il restait alité en permanence, ayant perdu toute autonomie. Même si nous ne parlions pas la même langue, nous parvenions à nous comprendre. Au départ, il était réticent, sa fierté lui rendant difficile d'accepter mon aide. Mais au fil des jours, il s'est habitué à ma présence et m'a finalement fait confiance sans réserve. Il a accepté que je m'occupe de lui, ce qui a grandement réconforté ma belle-mère. Je pense qu'il ressentait également un soulagement, même s'il ne l'exprimait pas ouvertement.

Dans son regard, je discernais de la colère envers sa fille, mais aussi de l'admiration. Malgré la distance qu'il avait instaurée entre eux, ma femme restait imperturbablement en face de lui, de sorte qu'il puisse la voir, tout en la regardant également. Aucun mot n'était prononcé, tout passait à travers ces échanges de regards. Un jour, il exprima le désir de comprendre pourquoi je me dévouais ainsi pour lui, et je lui répondis que c'était grâce à lui. Il me demanda alors comment cela pouvait être grâce à lui. Je lui avouai alors que je ne m'étais jamais autant aimé que depuis le jour où j'avais aimé sa fille, et qu'elle n'avait jamais cessé de pleurer car elle nourrissait toujours cet amour envers lui, malgré leur séparation. Je lui confiai qu'il ne m'avait jamais été donné de voir autant d'amour s'exprimer avec une telle pudeur au sein d'une famille, et que cet amour comblait également un vide en moi. Même au sein de ma propre famille, nous en sommes loin. Cet homme parvenait à aimer et à transmettre son amour rien qu'avec ses yeux, muets mais chargés de compassion. Il possédait le don de dire "je t'aime" en silence, une profonde sagesse portée non pas par les mots, mais par le regard. Je n'en pris réellement conscience qu'à travers cette tragédie. À maintes reprises, j'avais essayé de lui expliquer qu'il devait mettre de l'ordre dans ses affaires, car le pronostic médical ne lui accordait que six mois. Finalement, un jour où il avait accepté la fin prochaine, il me demanda de l'emmener dans un endroit particulier au cœur d'une forêt, un lieu chargé de souvenirs. Je l'installai le plus confortablement possible dans ma voiture, après avoir plié son fauteuil roulant et l'avoir rangé dans le coffre. Ma belle-mère et ma femme nous accompagnèrent. Une fois à l'orée de la forêt, je le poussai dans son fauteuil jusqu'à l'endroit qu'il m'indiqua, un lieu retiré des regards indiscrets. Il me pria de le laisser seul un moment et de venir le chercher plus tard.

Intrigué, je demandai à ma femme d'interroger sa mère, qui éclata en sanglots en nous expliquant que c'était l'endroit où ils allaient quand ils étaient jeunes, lorsque ma femme n'était encore qu'une petite fille. Ils ramassaient du bois et organisaient des barbecues, à la manière de leur village natal. Mon beau-père m'appela pour que je vienne le chercher. Je le trouvai en pleurs, et il me demanda de le pousser doucement pour lui laisser le temps de sécher ses larmes. Il ne souhaitait pas que sa femme et sa fille le voient dans cet état. Cet homme avait réfléchi à sa vie en si peu de temps ! Il s'était enfin accepté, tout comme il avait accepté l'inéluctable.

Cette prise de conscience avait inondé son cœur d'amour, de compassion et d'estime de soi. L'amour qu'il avait gardé au fond de lui pendant toutes ces années put finalement déborder et s'exprimer. Ce fut bref, trop bref, mais d'une intensité saisissante. Peu avant de s'éteindre, il appela sa fille, les larmes aux yeux, et s'excusa de l'avoir rejetée et abandonnée sans soutien. Il lui révéla qu'il pensait avoir perdu une fille alors qu'il gagnait un fils. Il lui accorda sa bénédiction avant de rendre son dernier souffle. Une ambiance de deuil envahit la pièce, emplie de chagrin, de tristesse et de larmes silencieuses. Cependant, en même temps, on ressentait un soulagement, une soudaine légèreté alors que les souffrances trouvaient enfin leur terme et que le fardeau des ressentiments se transformait en amour. Cet homme m'avait ouvert les yeux sur le fait que l'amour prend de multiples formes, qu'il s'exprime à travers divers langages, et que même dans les moments difficiles, il demeure présent et reprend le dessus. Aimez-vous les uns les autres, aimez et laissez-vous aimer, sans attendre le moment idéal, car le meilleur moment pour aimer, c'est maintenant.

CHAPITRE III
APPRENDRE À CRÉER

« CRÉE UNE VIE À L'INTÉRIEUR DE LAQUELLE TU SERAS BIEN ! PAS UNE VIE QUI PARAIT BIEN DE L'EXTERIEUR. »

AUTEUR INCONNU

La vie est parsemée de défis qui peuvent nous sembler insurmontables. Toutefois, ces défis sont souvent le reflet de nos propres peurs et limitations que nous nous sommes imposées, volontairement ou non. Pourtant, si l'on se penche sur l'histoire de l'humanité, on remarque que les plus grandes avancées sont souvent le fruit de la persévérance, de la croyance en soi et de la capacité à voir au-delà des apparences.

L'UPPERCUT DE MA DÉLIVRANCE

L'épanouissement personnel n'est pas une destination, mais plutôt un voyage. Chaque pas que nous faisons, chaque action que nous entreprenons, chaque pensée que nous formulons, nous rapproche de cette réalité que nous souhaitons créer. Si vous ne croyez pas en vous, qui le fera ? Si vous ne prenez pas la décision de dessiner votre propre chemin, d'autres le feront pour vous.

Votre mental est un outil puissant. En le nourrissant de pensées positives, en visualisant ce que vous voulez vraiment, en cultivant une attitude de gratitude et en éliminant les doutes, vous pouvez transformer votre vie. Mais pour cela, il est essentiel de prendre des mesures concrètes, d'agir en cohérence avec vos désirs et de rester patient. Comme un architecte, qui, avant de voir son bâtiment s'élever, doit élaborer un plan détaillé, choisir les bons matériaux et poser chaque brique avec précision.

Oui, il y aura des moments de doute, des moments où vous aurez l'impression de stagner, voire de reculer. Cependant, ces moments sont essentiels à votre croissance. Ils vous permettent de prendre du recul, de revoir votre stratégie, d'apprendre de vos erreurs et d'affiner votre vision.

Alors, ne laissez pas les sceptiques vous détourner de votre chemin. Embrassez vos rêves, croyez en vos capacités et souvenez-vous que chaque petit pas vous rapproche de votre objectif. Votre futur épanouissant vous attend, et il est à portée de main.

Plongeons-nous dans la méthodologie décrite dans les chapitres antérieurs. Visualisons d'abord la vie tumultueuse d'une âme perdue, submergée par le poids du tragique, naviguant à vue dans l'océan incertain de la destinée. Ces individus sont souvent à la merci des vents violents et des courants impétueux de la vie, sans ancre ni boussole pour les guider.

L'UPPERCUT DE MA DÉLIVRANCE

Ensuite, en contraste saisissant, imaginons une personne qui, telle un maître artisan, s'engage activement dans la conception de son propre destin. Elle n'est pas simplement soumise aux caprices du sort, mais prend le ciseau et le marteau, et avec une détermination inébranlable, façonne chaque moment, chaque expérience, dans le but de créer une œuvre d'art vivante qu'est sa propre vie.

Dans mes pérégrinations, j'ai été témoin et acteur de moments qui démontrent cette merveilleuse capacité qui sommeille en chacun de nous : celle de transcender les circonstances, de transformer le banal en extraordinaire, l'adversité en opportunité.

Vous, qui lisez ces lignes, détenez un potentiel immense. Il ne s'agit pas simplement de suivre un chemin tracé ou d'accepter un destin qui vous serait imposé. C'est une invitation pressante à embrasser votre propre pouvoir, à orchestrer consciemment chaque acte, chaque décision de votre voyage terrestre. Vos triomphes, ainsi que vos trébuchements, ne sont que le reflet de votre paysage intérieur. Peu importe l'étiquette que vous y apposez – destin, futur, karma – sachez que rien n'est écrit à l'encre indélébile. Votre futur vous appartient et attend patiemment que vous le dessiniez. Alors, avec audace et passion, donnez-lui la forme et la couleur de vos rêves les plus fous.

Première partie
Daniel

« Ce que nous sommes aujourd'hui résulte de nos pensées d'hier ; et de nos pensées d'aujourd'hui dépendra notre vie de demain. Notre esprit bâti notre vie. »

Bouddha

Daniel se lève chaque matin à 5 heures, tiré du lit par la sonnerie retentissante de son réveil. Ce son tonitruant semble tout droit sorti d'une sirène d'alarme, mais il en a besoin : sans ce branle-bas matinal, il aurait toutes les peines du monde à s'extirper du sommeil. Et comme le travail n'attend pas, il n'est pas question de flâner s'il veut être à l'heure à son poste. Alors, il se prépare tel un automate, sans se poser de questions. Il fait son lit machinalement, se débarbouille le visage, se rase et s'habille à la sauvette. Il redoute tellement d'arriver en retard au boulot qu'il ne prend même pas le temps d'apprécier son petit-déjeuner, des céréales arrosées de lait d'amandes, son préféré. Assis à la table de cuisine, il engloutit le contenu du bol tout en gardant un œil sur sa montre. Le temps file ! Il est déjà 5 h 25 et il doit être en poste à 6 h. Il avale d'une traite son verre de jus d'orange et se précipite à la salle de bains pour se brosser les dents. Son angoisse de l'arrivée tardive le pousse à jeter des coups d'œil répétés entre l'horloge et sa montre.

À 5 h 30 très précisément, il est prêt. Il adresse un dernier regard satisfait à sa montre et sourit : tout se déroule exactement comme il l'avait chronométré. Il enfourche son vélo, hésite un instant, constate que la roue avant est légèrement dégonflée, mais décide de ne pas la regonfler, craignant de perdre du temps. Daniel est en perpétuelle course contre la montre, il dramatise tout et finit souvent dans des situations désagréables. L'une de ses expressions favorites est : « Je savais bien que ça allait arriver tôt ou tard ! », prononcée avec fatalisme et résignation.

Il pédale en entretenant la crainte d'une crevaison. Dans son esprit, la crevaison est quasiment inéluctable. Et bien sûr, comme il l'avait anticipé, à mi-chemin de son trajet, la chambre à air de la roue avant éclate. Voilà une situation bien embêtante, et il se retrouve déconcerté, sans savoir comment réagir ! Pris dans un sentiment de déjà-vu, ou plutôt de déjà-vécu, il ne réalise pas que ce qu'il expérimente n'est que la concrétisation réelle d'une scène qu'il avait mille fois imaginée dans son esprit empreint de peur et de négativité.

Pris de panique à l'idée de se présenter en retard au travail, il opte pour continuer le chemin à pied en poussant son vélo, plutôt que de faire demi-tour pour le réparer chez lui. Il marche rapidement, en transpirant abondamment, s'efforçant de hâter le pas, mais convaincu qu'il ne réussira jamais à arriver à temps. Et une fois de plus, cette croyance, maintes fois ruminée, se matérialise à son grand désarroi. Et voilà ! Il finit par être en retard et se dirige directement vers le bureau de son supérieur, où il s'excuse et se justifie abondamment. Son chef, lassé de ses retards répétés et de ses explications farfelues, lui fait remarquer que c'est la cinquième fois ce mois-ci qu'il n'est pas à l'heure au travail. Il le réprimande verbalement et lui ordonne de retourner immédiatement à son poste. Daniel est incorrigible. Malgré les avertissements, il persiste à accumuler les retards injustifiés et mal expliqués. Il se promet de ne plus recommencer, mais au fond de lui, il redoute déjà le prochain écart à cette résolution.

Le voilà donc à son poste, mettant en marche sa machine et se plongeant immédiatement dans sa tâche de soudage de pièces au semi-automatique. Son objectif quotidien est de souder exactement

273 pièces afin de clôturer sa production. Pourtant, il sait déjà qu'il ne pourra pas y parvenir cette fois-ci. Le retard accumulé est trop important à ses yeux, et malgré ses efforts pour souder le plus grand nombre de pièces possible, il se répète intérieurement qu'il sera loin de réussir, peu importe ses actions. Sa nature profondément pessimiste le pousse à anticiper les échecs même lorsque rien n'est encore déterminé. C'est ainsi qu'une panne de gaz survient, lui faisant perdre un temps précieux pour remplacer la bouteille de gaz carbonique. Ensuite, c'est la bobine qui cède et qu'il doit changer, suivi de la défaillance du poste lui-même, les galets patinant à cause de l'usure excessive et nécessitant un remplacement urgent. Tout semble s'acharner contre lui !

Néanmoins, Daniel persiste et continue de souder les pièces du mieux qu'il peut, bien qu'il soit convaincu que tout est fichu d'avance et qu'il échouera. Malheureusement, ses prévisions pessimistes se confirment. Quand 14 heures sonnent, sa journée de travail est terminée et il se retrouve avec seulement 143 pièces soudées. Découragé et abattu, il quitte son poste la tête basse. Son dépit est profond, mais en tant que fataliste, il finit par accepter son sort. En rentrant chez lui en traînant son vélo, il est bien résolu à remplacer immédiatement la chambre à air endommagée par une nouvelle. Être en retard demain n'est tout simplement pas une option ; tout doit être remis en ordre au plus vite !

Une demi-heure plus tard, une fois de retour en bas de chez lui, il soupire en concluant que ce n'est vraiment pas sa journée de chance. Tout a commencé de travers, donc cela ne peut que mal se terminer. Dans le garage à vélos, il se met rapidement au travail en démontant la roue. La chambre à air est dans un triste état ; il la retire et installe une nouvelle. Après avoir remis le pneu en place, il regonfle la roue et jette un coup d'œil à sa montre, incrédule. Attendez un instant ! Cela ne lui a pris que dix minutes ! Montant à son appartement, il s'accable de reproches. Pourquoi n'a-t-il pas réparé son vélo le matin même ? Qu'est-ce qui lui a pris de rouler avec une roue à plat ?

Il ressent la faim. Normalement, à cette heure-ci, il aurait déjà pris son petit-déjeuner. Il se prépare à cuisiner quelque chose à manger, sa tête bourdonnant de remords. Une telle série de malchances n'est pas normale, il en est convaincu. Il attribue cette malchance persistante aux regards envieux des autres, comme s'ils attiraient toutes ces poisses sur lui. Depuis son enfance, il est persuadé que cette malédiction est un héritage familial, une charge qu'il doit inévitablement porter. Il se dit que c'est la génétique qui a façonné sa destinée. Tout, jusqu'à sa calvitie précoce, semble être une empreinte de son père. C'est peut-être une affaire héréditaire. Même ses ennuis de prostate, c'est comme s'il avait hérité d'une série de malédictions génétiques. Il est de plus en plus évident qu'il est le portrait craché de son père, il a même hérité de ses traits de caractère et de tous ses défauts. Ainsi, un avenir similaire semble inévitable, et il semble destiné à finir comme son père, à travailler à l'usine.

Influencé par l'éducation que lui ont donnée ses parents dès son plus jeune âge, il a grandi avec la croyance que s'il avait la chance d'obtenir un travail, aussi pénible soit-il, il devait se taire, garder son poste à tout prix, éviter d'attirer l'attention du patron à tout prix. Être discret tout en préservant sa virilité, car son père était un véritable macho et sa mère excessivement possessive.

Il se comporte ainsi comme un homme qui redoute de perdre cette masculinité, craignant la perte de cheveux et le spectre d'un cancer de la prostate. Il vit dans la peur de perdre son emploi et repousse constamment l'idée de fonder une famille, persuadé qu'il ne ferait que perpétuer cette malédiction. Malgré ses efforts pour chasser ces pensées de son esprit, elles continuent de le tourmenter, empoisonnant sa vie. Les événements qu'il redoute semblent se concrétiser invariablement, renforçant sa conviction que tout cela est dû à la malchance.

L'UPPERCUT DE MA DÉLIVRANCE

Daniel a maintenant trente ans. Il vit en solitaire et sa passion unique est la musculation, une activité à laquelle il se livre assidûment depuis des années, malgré des résultats peu probants. D'ailleurs, il est convaincu qu'il ne parviendra jamais à sculpter son corps à l'image d'une divinité grecque. Il le répète souvent, ses efforts ne mèneront à rien. Il est 16 heures, il s'apprête à se rendre à la salle de musculation. Une fois sur place, il suit mécaniquement le programme dicté par son smartphone, tout en croyant fermement qu'obtenir des muscles impressionnants nécessite des stéroïdes coûteux et néfastes pour la santé.

Néanmoins, il se satisfait d'avoir achevé sa séance d'entraînement et se précipite pour prendre une douche dans les vestiaires, ressentant toujours cette anxiété à l'idée de se mêler aux autres membres de la salle, dont la musculature imposante contraste avec sa propre silhouette. Même s'il est simplement dans la norme, il a l'impression d'être un frêle brin d'herbe au milieu de chênes robustes, un nain parmi les géants. Il se sent mal à l'aise sous la douche et dans sa tête, cultivant ainsi ses complexes et sa frustration en ressassant ses déceptions et ses appréhensions. Il est convaincu que pour être attirant, il doit être beau et pour être beau, il doit avoir une carrure puissante. Selon lui, la musculation est la seule voie pour y parvenir, mais il est persuadé qu'il ne réussira jamais à cause des nombreux sacrifices que cela exige. Comment pourrait-il consacrer plus de temps à cette activité alors que son père lui répétait sans cesse qu'il était trop faible pour ce genre de sport, qu'il s'agissait d'une activité pour les "faibles" ?

En conséquence, les résultats qu'il obtient sont en accord avec ses pensées négatives plutôt qu'avec ses aspirations.

Avant de retourner chez lui, il achète un billet de loterie qu'il gratte tout en se disant que c'est probablement une arnaque, étant donné qu'il ne gagne jamais. Pourtant, malgré sa conviction que c'est une tromperie visant à générer des profits, il persiste à tenter sa chance, plus par habitude que par espoir réel de remporter un jour le gros lot.

Daniel n'a pas de petite amie. Son manque de confiance en lui le fait douter de son attrait personnel. Il redoute de s'engager dans une relation et, chaque fois qu'il a l'opportunité de faire une belle rencontre, il est pris de panique en se disant que c'est trop beau pour être vrai. En plus de cela, il lutte avec des questionnements sur son orientation sexuelle, un complexe qu'il a hérité de son père, qui était phallocrate et homophobe. Malgré ses efforts pour se convaincre qu'il est exclusivement hétérosexuel, l'idée qu'il pourrait ressentir de l'attirance envers un homme le traverse parfois à la salle de sport, en voyant tous ces corps musclés et puissants. Cependant, il rejette immédiatement cette pensée avec dégoût et honte.

Sans même s'en rendre compte, il nourrit une peur profondément enracinée qui mine progressivement son subconscient et le fragilise chaque jour un peu plus. Il met un masque de joie qu'il ne ressent pas réellement, mais cette fausse béatitude ne cache que difficilement la profonde tristesse qu'il cache en lui. Il a transformé cette tristesse en une sorte de bouclier protecteur qui le garde à distance de ses démons intérieurs, tout en alimentant ses inquiétudes. Coincé dans ce cercle vicieux, il ne réalise pas que peut-être, il lui suffirait de changer sa manière de penser et de ressentir pour ouvrir la porte à d'autres possibilités...

Daniel est convaincu qu'il finira par perdre tous ses cheveux et qu'un cancer l'emportera. Il se rassure quant à sa masculinité et repousse immédiatement toute idée qu'il pourrait être homosexuel, considérant que c'est peut-être la raison pour laquelle il a du mal à avoir une petite amie. Bien qu'il gagne un petit salaire, il peine à joindre les deux bouts et vit dans la crainte de se retrouver un jour sans abri, sans toit au-dessus de la tête. Ainsi, il économise prudemment en prévision des temps difficiles, se privant aujourd'hui par peur d'être dépourvu demain. Chaque soir, il se couche avec une incertitude pesante concernant l'avenir, redoutant les imprévus de la vie. Malgré cela, il se lève jour après jour pour répéter les mêmes erreurs que la veille. Cette dynamique persistante est plus forte que lui ; il semble presque se complaire dans son rôle de victime et ne fait rien pour le changer.

Comme vous l'avez peut-être deviné, Daniel est le seul et unique responsable de sa situation. Chaque fois qu'il nourrit une peur ou une crainte, celles-ci semblent se réaliser dans sa vie. Il a été profondément conditionné par ses parents et par la société à devenir ce qu'il est devenu. En se convainquant constamment qu'il n'était pas ce qu'il redoutait d'être, il a involontairement renforcé ces idées et les a projetées dans son avenir. En les nourrissant dans ses pensées et croyances, il leur a donné un pouvoir réel sur sa vie. Il se perçoit comme une victime d'une situation qu'il a en réalité créée de toutes pièces.

Deuxième partie
Richard

« Il faut faire de sa vie un chef-d'œuvre. »

Johan Wolfgang Von Goethe

En cette fraîche matinée d'hiver, Richard s'éveille avec un sourire aux lèvres. Il quitte son lit d'emblée de bonne humeur, convaincu au plus profond de lui que la journée sera belle, sans pour autant pouvoir expliquer ce doux pressentiment. Bien qu'il apprécie toutes les saisons, il nourrit une affection particulière pour l'hiver et se réjouit en constatant que tout est recouvert d'un manteau blanc à l'extérieur. Rien que l'idée de toucher la neige le remplit d'excitation, et il se projette avec impatience dans l'idée de fouler le tapis blanc plus tard dans la journée. La veille, il avait nourri l'idée qu'il neigerait pendant la nuit, un désir tellement fort qu'il avait replongé dans ses souvenirs d'enfance d'écolier scrutant l'horizon par la fenêtre le soir, espérant de tout cœur que tout serait blanc au réveil.

Il se lève en fredonnant une mélodie appropriée, une comptine qu'il adorait chanter à sa mère quand il était enfant : « L'hiver est tout blanc, tout blanc, tout blanc, l'hiver est tout blanc de givre et de neige… ». Il fait son lit, se lave et prend son petit-déjeuner avec un enthousiasme inspirant, en prévision d'une journée prometteuse. Il s'habille chaudement, veillant à bien mettre des gants. Puis, il démarre sa voiture pour se rendre au travail, et tandis que le moteur chauffe, il aperçoit son voisin en train de déblayer la neige pour dégager son allée. Richard se lance alors dans une bataille de boules de neige avec son voisin, Sylvain, créant une atmosphère joyeuse et enfantine. Les deux hommes se lancent mutuellement des projectiles glacés en riant comme des gamins de douze ans. Après cinq minutes d'échanges ludiques, ils se serrent la main et échangent des politesses avant de prendre chacun leur chemin vers leur travail respectif, empruntant la route fraîchement dégagée par la déneigeuse communale.

Au volant de son 4X4, Richard ressent une joie intense, l'occasion parfaite de mettre à l'épreuve les différentiels sur chaussée glissante. Il constate avec fierté la tenue de route exceptionnelle offerte par ce dispositif. Au fond de lui, il avait toujours su qu'un jour il conduirait ce magnifique 4X4. Cette opportunité s'est présentée un matin radieux, lorsque son ami garagiste lui a proposé une superbe affaire, qu'il n'a pas hésité à saisir.

Richard arrive au travail avec une humeur éclatante et se dirige d'un pas léger vers son bureau. En tant que responsable de la production d'énormes cuves industrielles, il supervise une équipe d'une centaine de personnes chargées de diverses tâches. Même s'il n'oublie pas ses débuts modestes en tant que chaudronnier-soudeur, il poursuit son chemin avec conviction vers son rêve de diriger tout l'atelier. Les circonstances qui l'ont aidé à gravir les échelons ont été aussi surprenantes que providentielles. Tout semblait se coordonner pour le rapprocher progressivement de son objectif, sans qu'il ait besoin de se préoccuper des stratégies à adopter ou du temps que cela prendrait. Il avait simplement la certitude qu'il réussirait, nourrissant cette idée et laissant à son ange gardien le soin de lui fournir les moyens et de l'orienter vers son idéal.

Âgé de seulement 30 ans, Richard est pleinement conscient de l'atout que représente sa jeunesse. Sa carrière a évolué rapidement, et il continue son ascension en se projetant vers un avenir proche où il occupera un poste encore plus prestigieux : celui de PDG de la société. Il ne doute pas de sa capacité à atteindre cet objectif, travaillant avec détermination et confiance en son potentiel. Il sait que tout commence par son esprit et son cœur, comprenant que les plus grandes réalisations germent de la convergence entre pensées et émotions. Les défis ne l'effraient pas, car il les considère comme des opportunités de croissance. Il accueille les problèmes avec enthousiasme, en relevant le défi de trouver des solutions. Pour lui, il n'y a pas de problème sans solution, et s'il n'y a pas de solution, alors il n'y a pas de problème.

La journée touche à sa fin, et Richard réalise à peine qu'elle s'est écoulée tant elle a été captivante. Léger de cœur, il quitte l'entreprise au volant de son confortable 4X4. Arrivé chez lui, il est à peine 16 h 30. Le jardin est recouvert d'au moins vingt centimètres de poudreuse immaculée. Richard en profite pour façonner un superbe bonhomme de neige et se divertir comme il le faisait à l'âge de dix ans. Sa maison, un charmant pavillon, semble être le foyer où il a toujours vécu. Il a minutieusement conçu cette demeure selon ses rêves d'adolescent, reproduisant chaque détail lors de sa construction. Il a pu le faire grâce à un crédit avantageux accordé par un ami banquier, une relation née de circonstances étonnantes. À l'époque où il était secouriste, Richard avait sauvé la vie de cet ami en l'aidant à expulser un morceau de pâte feuilletée coincé dans sa gorge dans un restaurant. Cette rencontre fortuite avait jeté les bases de leur amitié, une amitié qui perdura au fil du temps.

Une fois son bonhomme de neige terminé, Richard se hâte de préparer son sac pour se rendre à la salle de musculation. Il pratique ce sport depuis plus de dix ans et a réussi à sculpter un corps remarquable. Il a rapidement saisi les principes de la prise de masse musculaire. Grâce à son oncle, ancien champion de culturisme, il a grandi dans un environnement qui a favorisé son développement physique dès son plus jeune âge. À la salle de sport, il sait exactement ce qu'il doit faire et comment le faire, investissant toute sa détermination dans chaque séance. Il répète souvent que le corps à 20 ans est hérité, tandis qu'à 50 ans, il est mérité, une devise qu'il porte fièrement.

Après sa séance, il prend une douche et rentre chez lui pour se préparer à retrouver Sylvie, sa petite amie. Leur relation dure depuis presque deux ans, mais il a l'impression de la connaître depuis la veille. Elle incarne son idéal : sportive, cultivée et charismatique. Rien qu'à l'idée de la rejoindre, il ressent une grande joie.

Richard est rarement malade et ne se soucie guère de sa santé. Tout fonctionne parfaitement chez lui, et il considère que la génétique ne détermine pas tout. Il se considère comme la preuve vivante : il évite les médecins et les médicaments, et cela lui convient parfaitement. Sa soirée avec Sylvie se déroule merveilleusement bien, ils parlent de leur futur mariage et des enfants qu'ils auront ensemble. Leurs yeux brillent d'amour, mais il est temps pour Sylvie de rentrer chez elle, car elle vit toujours chez ses parents.

Richard rentre chez lui, empli de bonheur, en attendant le sommeil. Il sait déjà que le lendemain sera encore meilleur, surpassant cette journée qui s'achève dans la beauté et la tranquillité de l'hiver immaculé. Avant de fermer les yeux, il revit mentalement les moments heureux de la journée qui vient de s'écouler, ressentant à nouveau les émotions comme s'il les revivait. Il s'endort avec l'assurance que demain sera tout aussi prospère.

Bien sûr, on aurait pu prolonger la description de cette journée, mais il n'est pas nécessaire d'aller plus loin pour établir un parallèle entre le quotidien de Daniel et celui de Richard. Tous deux sont extrêmement créatifs, mais l'un est destructeur tandis que l'autre est constructeur. Ils portent tous deux la responsabilité de ce qui leur arrive : l'un est victime de ses malheurs, tandis que l'autre est l'architecte de son bonheur. Comme Richard, nous avons tous le pouvoir de façonner notre propre vie. Nous avons la capacité de la créer et cela est à la portée de chacun. Pour commencer, posons-nous la question suivante : combien de moyens de création existent-il ? La réponse est simple : il y en a trois. La création matérielle, comme sculpter un objet à la main ; la procréation, qui donne la vie ; la création mentale, qui engendre des œuvres transmises par divers moyens, comme les arts. Nous possédons ces trois moyens de création, et la plupart d'entre nous se spécialisent dans celui qui leur convient le mieux en apprenant un métier. On dit qu'un maçon construit une maison, qu'un sculpteur crée une statue, et qu'un ingénieur conçoit et anime un moteur. On dit également qu'un couple donne la vie, procrée, l'homme étant la semence et la femme le terreau fertile. La création, elle, appartient au divin, et cette notion s'applique aussi bien au règne animal et végétal qu'au monde minéral.

Je comprends parfaitement la distinction que vous soulignez entre le fait de fabriquer et celui de créer. La nature crée et donne vie à la faune, à la flore et aux minéraux. Un oiseau construit son nid à partir de matériaux créés par la nature elle-même. De manière similaire, un être humain peut fabriquer une épée à partir de fer créé par l'explosion d'une étoile et qui se trouve sous forme minérale dans la nature. Les artistes, comme les peintres, créent des œuvres d'art. La création est souvent associée à quelque chose de rare, d'unique et de magnifique, presque imprégné d'une substance magique inexplicable. La création est souvent liée au talent des ingénieurs et des artistes, un don qui se trouve dans leur esprit et qui ne peut être touché, vu ou entendu tant qu'il n'a pas été matérialisé. Le génie de personnes comme Mozart, Einstein ou Picasso s'est exprimé d'abord dans leur esprit avant de prendre forme concrète. C'est à travers l'acte de création que ce génie transmet son savoir immatériel et ses réalisations tangibles à la postérité.

L'univers dans son ensemble a été créé dans l'esprit divin avant d'être matérialisé, et ainsi, l'esprit divin est présent dans tout l'univers. Puisque nous faisons partie de cet univers, nous avons tous été créés à partir de cet esprit divin. Les avancées scientifiques et technologiques actuelles nous montrent que tout est composé d'atomes, de molécules et d'électrons qui tournent constamment dans tous les êtres et toutes les choses. Puisque tout est fait de la même substance, il n'y a pas de "rien". Le "rien" est en réalité plein de tout, et tout est rempli de "rien"... Tout émet une fréquence vibratoire, et chaque fréquence est perceptible. Lorsque vous avez une pensée qui engendre une émotion, cette émotion génère une fréquence vibratoire qui est captée par la magie divine qui régit la création.

Le message est transmis automatiquement, et il se répercute souvent de manière frappante dans votre vie, sans que vous en soyez forcément conscient. Si c'est quelque chose de négatif, vous pourriez vous sentir "poisseux", tandis que si c'est positif, vous pourriez l'attribuer au hasard ou à la chance. Cependant, il n'y a ni hasard ni chance, il n'y a que création. Comme je l'ai expliqué, la création se fait par la pensée. Il faut d'abord avoir des pensées et de l'imagination pour créer une pièce de théâtre avec des personnages, puis les mettre en forme en les écrivant et en les structurant, et enfin concrétiser le tout sur scène avec des acteurs et des costumes dans des décors appropriés. Votre vie est comme une pièce de théâtre, et vous attribuez les rôles à vous-même et/ou à d'autres personnes. Grâce à la pensée et à l'imagination, vous ressentez des émotions si intenses qu'elles semblent déjà vécues. Vous jouez pleinement votre rôle, et il vous incombe de ressentir les effets positifs ou négatifs. Vous pouvez vérifier cela dans tous les aspects de votre vie, et cela a même été scientifiquement prouvé, comme nous le verrons à travers plusieurs exemples.

Un professeur japonais éminent, spécialiste de l'eau, a mené une expérience intéressante. Il a pris trois bols qu'il a remplis de riz et couverts d'eau du robinet. Sur le premier bol, il a écrit "je t'aime", sur le deuxième "je te déteste", et le troisième est resté sans inscription. À chaque fois qu'il passait devant les bols, il lisait l'inscription du premier bol ("je t'aime") en ressentant une émotion profonde d'amour. Lorsqu'il passait devant le deuxième bol, il lisait l'inscription correspondante ("je te déteste") et ressentait de la haine. Il ignorait complètement le troisième bol.

Après quelques semaines, le riz du premier bol restait blanc et l'eau demeurait limpide. Dans le deuxième bol, le riz avait commencé à brunir et l'eau à s'obscurcir. Le riz du troisième bol avait pourri et dégageait une odeur nauséabonde. Cette expérience a montré que l'eau est vivante et qu'elle réagit aux émotions qui lui sont communiquées.

Moi, je comprends que l'amour grandit et illumine, tandis que la haine rend malade et que l'ignorance tue. Imaginez un instant le désastre ! Notre corps est constitué de plus de 70 % d'eau, et cela sans même évoquer le reste du monde, qui est lui aussi constitué en grande partie d'eau...

Le fait de s'aimer mutuellement ou d'aimer élève et illumine, il favorise la croissance. En revanche, la haine diminue, nourrit l'envie et le ressentiment, et ne conduit qu'à la maladie et au mal-être. Quant à l'indifférence, elle est meurtrière. Ce même principe s'applique à l'eau que nous buvons et à la nourriture que nous consommons : lorsque vous buvez de l'eau sans y prêter attention, vous buvez de l'eau stagnante, si vous la critiquez, vous diminuez sa vitalité, et si vous lui exprimez votre gratitude, vous l'enrichissez. Et comme la majorité des aliments que nous ingérons contiennent de l'eau, le même effet se produit : ce que nous mangeons peut aussi bien préserver la vie en nous que la détruire.

Cela paraît véritablement extraordinaire ! Cette expérience démontre scientifiquement que vous êtes un créateur, et que votre manière de penser peut être constructive ou destructrice, selon votre état d'esprit. Il serait judicieux que l'éducation intègre cette notion dès le plus jeune âge.

Cependant, il s'agit là d'un secret bien gardé. Je vais vous le démontrer à travers une autre expérience menée par un laboratoire américain dans les années 80. À Beyrouth, au Liban, le terrorisme sévissait alors, et rien ne semblait pouvoir enrayer la montée en puissance des conflits entre le Hezbollah et le gouvernement. Les explosions et les attentats étaient monnaie courante, ce qui a incité un laboratoire américain à mener une expérience pour le moins inhabituelle, mais qui s'est avérée prometteuse. 150 individus ont été sélectionnés et formés pendant de longs mois à cultiver des émotions positives telles que l'amour et la paix. Une fois leur formation terminée, ces personnes ont été dispersées dans la capitale libanaise, avec pour instruction de continuer à générer des émotions de paix et d'amour.

Incroyablement, en l'espace de quelques semaines, la situation s'est apaisée. Les habitants ont recommencé à vaquer à leurs occupations en ville, profitant même des terrasses des cafés. Les hôpitaux n'étaient plus bondés, et une atmosphère de sérénité s'est installée dans la capitale. Le laboratoire a ensuite entrepris une contre-expérience pour confirmer ces résultats. Les 150 volontaires ont quitté le Liban, et en quelques semaines, la situation est redevenue chaotique, avec reprise des attentats et des explosions, et les urgences hospitalières débordées à nouveau.

L'expérience a été répétée pour établir de manière certaine le lien entre l'action des volontaires et l'avènement de la paix. À chaque répétition, les mêmes conclusions ont été tirées : les pensées d'amour et de paix émises collectivement ont toujours abouti à un apaisement significatif, tandis que leur absence a favorisé un climat de terreur et de mort. Le hasard n'avait pas sa place dans ces résultats. Le laboratoire a même identifié avec précision une formule mathématique qui confirmait indéniablement la validité de l'expérience, aboutissant au ratio de 100 pour 1 000 000. En d'autres termes, cent personnes formées à générer des émotions positives peuvent influencer un million d'autres personnes. Ce principe fonctionne également dans l'autre sens : cent personnes formées à générer des émotions de haine auront un impact sur un million d'individus. Vous comprenez maintenant pourquoi notre monde est en si mauvais état. Les médias nous inondent chaque jour de malheurs et de catastrophes, et cela pénètre même nos foyers via la télévision. Des individus remplis de haine, de jalousie et de malveillance sèment la discorde et les conflits...

C'est véritablement scandaleux ! Mais personne ne prend la peine de vous ouvrir les yeux. Désormais, vous savez ce qu'il faut faire pour embellir votre vie et, surtout, pour améliorer ce monde tourmenté. Il existe d'autres expériences de ce genre, mais je préfère vous diriger vers les ouvrages qui les détaillent, notamment des écrits abordant la physique quantique. Leurs explications éclairantes vous convaincront, si besoin est. Mon objectif est simplement de vous présenter de manière simple et accessible les informations essentielles, peu importe votre bagage scientifique ou culturel. Cependant, je vais tout de même partager quelques expériences et anecdotes personnelles qui viennent étayer mes propos.

Au moment où j'écris cet ouvrage, j'ai 48 ans. Depuis 25 ans, je partage ma vie avec une épouse merveilleuse, avec qui j'ai eu trois magnifiques enfants âgés aujourd'hui de 21, 18 et 6 ans pour la plus jeune. En raison de mon travail, je voyage fréquemment à travers le monde, et je jouis d'un confortable niveau de vie. En plus de ma profession technique, j'accompagne des athlètes de haut niveau en tant que coach professionnel. Parallèlement, je réponds aux demandes d'aide de certaines personnes, mais à titre bénévole et par pur souci de compassion.

Pendant l'année 2000, j'étais en mission sur un chantier en Égypte, à environ soixante kilomètres du Caire. Malgré la grande pauvreté dans ce pays, la population se distinguait par une gentillesse exceptionnelle. À cette époque, je vivais à Strasbourg avec mon épouse qui attendait notre deuxième enfant, prévu pour le début de l'année 2001. Notre premier-né avait quant à lui presque trois ans. Notre vie était normale, sans excès financiers, et ce déplacement était pour moi une opportunité d'améliorer notre situation financière et de prévoir un avenir meilleur.

Tous les soirs, je faisais un jogging d'environ dix kilomètres aux alentours de l'hôtel où je logeais, sans me rendre compte qu'une personne me suivait pendant mes courses. J'ai réalisé cela lorsque, lors d'un de mes retours, j'ai entendu distinctement quelqu'un qui peinait à courir derrière moi. En me retournant, j'ai vu un jeune homme épuisé qui tentait de reprendre son souffle. Il portait un pantalon noir en tergal et une chemise à manches longues, ainsi que de vieux mocassins usés, alors que j'étais en survêtement et en baskets.

Je suis allé à sa rencontre et je lui ai demandé pourquoi il me suivait. Il m'a expliqué qu'il agissait ainsi sur demande de son patron, qui n'était autre que le propriétaire de l'hôtel. Ce dernier lui avait confié la mission de s'assurer que je ne rencontre aucun problème en chemin. Intrigué par sa tenue, surtout ses chaussures inadaptées pour courir, j'ai insisté pour en savoir plus. Malgré sa gêne, il m'a expliqué qu'il n'avait pas les moyens de s'acheter des chaussures de sport, mais qu'il devait accomplir son travail.

À ce moment-là, ma femme était sur le point d'accoucher, ce qui m'a conduit à retourner en urgence en France pour assister à la naissance de ma fille et vivre ces moments magiques. Avant de repartir en Égypte, j'ai pris soin d'acheter une paire de baskets bon marché. De retour à l'hôtel, j'ai offert ces chaussures à Omar, le gardien qui m'accompagnait pendant mes footings matinaux. En lui tendant les baskets, je lui ai dit : "Voilà ! Maintenant, tu n'as plus d'excuse pour me suivre, tu vas pouvoir courir avec moi !". Ému aux larmes par ce geste, il a été touché, et nous sommes devenus de bons amis par la suite.

Pendant mon séjour en Égypte, je me suis souvent répété qu'une fois ce travail achevé, j'achèterais un 4x4 et déménagerais près de la frontière suisse, louant une maison. J'imaginais alors trouver un emploi stable en Suisse pour être proche de ma famille. Cette pensée est devenue une sorte de refrain que je me récitais constamment.

Une fois le chantier terminé, le moment est venu de dire au revoir au personnel local. Les adieux étaient empreints d'émotions, avec des larmes et des étreintes fraternelles. Les Égyptiens sont très sensibles et expressifs. Lorsque je suis parti, Omar m'a juré que lorsqu'il accomplirait son pèlerinage à La Mecque, sa première pensée serait pour moi, en signe d'amitié. En effet, il prévoyait de partir en bus avec sa mère pour effectuer le hadj (pèlerinage).

De retour chez moi, j'ai continué à répéter mes trois souhaits. J'ai dit à ma femme que nous allions acheter un 4x4, et j'ai commencé à chercher des prêts dans différents garages, sans succès, car j'avais toujours des contrats à durée déterminée à cette époque, ce qui ne me permettait pas d'obtenir un crédit. Néanmoins, grâce à ma persévérance, j'ai finalement trouvé un garage qui a accepté de me prêter de l'argent, me permettant ainsi d'acheter le véhicule tant attendu.

J'ai dit à ma femme que nous pourrions peut-être déménager dans la région où nous avions grandi, afin d'être plus proches de sa famille. Nous avons visité une magnifique maison à Audincourt, dans le Doubs, et mon épouse a été conquise par cette demeure. Cependant, la maison attirait beaucoup de visiteurs et était très prisée. Ma femme s'inquiétait de cette concurrence. Elle m'a dit que c'était une mission impossible, mais ma réponse a été spontanée : je lui ai assuré, sans hésitation, que cette maison serait à nous. Lors de notre visite des lieux, nous avons eu une conversation passionnante avec la propriétaire. Je lui ai parlé de mon travail, de mes voyages à travers le monde et des horizons qui se dessinaient devant moi, même sans contrat à durée indéterminée. Mes arguments ont dû la convaincre, car dès le soir même, elle nous a appelés pour nous annoncer que nous avions été choisis. Ma femme était aux anges. Il me restait alors à trouver du travail en Suisse.

Delémont, une ville en Suisse romande située à une quarantaine de kilomètres de notre future résidence, est devenue mon objectif pour trouver un emploi. Un matin, lors d'une de mes visites dans cette ville pour chercher du travail, j'ai remarqué les locaux d'une société. Intrigué, je me suis approché pour voir de plus près une pancarte qui avait attiré mon attention. Elle portait le nom "SAFED". Guidé par mon instinct, j'ai franchi la porte de l'entreprise avec confiance, demandant à rencontrer le responsable des ressources humaines. Étonnamment, ce même jour, j'ai signé un contrat à durée indéterminée avec un salaire très attractif. Nous étions en 2001, et la proposition initiale était de 5 000 francs suisses par mois. J'ai travaillé quatre années dans cette société avant de repartir à l'aventure pour découvrir de nouveaux pays.

En moins de six mois, j'avais concrétisé mes trois souhaits. Ma conviction et ma détermination avaient porté leurs fruits. Peut-être les prières d'Omar dans des lieux saints ont-elles contribué à faire de ce trio de vœux une réalité gagnante. Quoi qu'il en soit, je reste persuadé d'avoir créé ces situations, et bien d'autres encore. L'année suivante, comme je vais vous le raconter...

Nous sommes en 2002. À cette époque, je me rendais au travail en voiture et j'aimais écouter de la musique en conduisant. Mes goûts musicaux étaient variés, mais j'avais une préférence pour Brel et Aznavour, dont les chansons m'émouvaient tout particulièrement. Cependant, un jour, le son envoûtant du luth dans une musique turque écoutée par mon épouse a attiré mon attention. L'artiste en question, un certain Sinan Ozen, était très populaire en Turquie. Son jeu de luth et sa voix m'ont captivé, et je me suis rapidement procuré tous ses albums. Mon admiration pour lui était telle que j'écoutais régulièrement ses chansons en conduisant. Mon enthousiasme grandissant, j'ai demandé à mon épouse si nous pourrions assister à l'un de ses concerts. Sa réponse a été claire :

– Tu peux toujours rêver, car il ne viendra jamais en France ! – Ne sois pas si pessimiste, tu verras, il ne viendra rien que pour moi !

Ma réponse était sincère ; j'avais une foi inébranlable en ma bonne étoile et je savais au fond de moi que l'avenir me donnerait raison. Et il l'a fait à une vitesse incroyable, dans un enchaînement de circonstances qui m'étonne encore aujourd'hui. Les événements se sont déroulés à une vitesse fulgurante, et ma prédiction s'est avérée rapidement exacte. À peine un mois s'était écoulé lorsque ma femme m'a dit, avec un air vraiment étonné :

– Tu ne me croiras jamais… Sinan Ozen donne un concert à Andelnans, à seulement quinze kilomètres d'ici ! C'est incroyable !

Je lui ai dit qu'il fallait acheter les billets rapidement avant qu'ils ne soient épuisés. Nous nous sommes précipités au point de vente, le cœur battant d'anticipation en envisageant ce concert miraculeux. L'organisatrice de l'événement avait l'air embarrassé, et son air soucieux a attiré mon attention. Je lui ai demandé si tout allait bien, et elle s'est étrangement confiée à moi. Elle m'a expliqué qu'elle avait du mal à organiser la sécurité pour accueillir l'artiste à l'aéroport et pour assurer sa protection pendant trois jours, y compris le concert. Elle avait du mal à trouver une personne compétente pour gérer cette situation et devait trouver une solution rapidement. Ma femme, sans hésiter, lui a offert spontanément une solution :

– Vous avez de la chance, car mon mari ici présent a déjà été garde du corps pour de grands artistes par le passé.

En effet, quand j'étais plus jeune, j'avais travaillé dans ce domaine pour des artistes renommés, mais j'avais arrêté pour des raisons personnelles. L'organisatrice m'a demandé immédiatement si je pouvais l'aider à gérer la situation. Après une brève réflexion, j'ai accepté, et c'est ainsi que je me suis retrouvé à l'aéroport pour accueillir personnellement Sinan Ozen et l'escorter jusqu'à son hôtel. Il est arrivé de Turquie avec son propre garde du corps et un important producteur. Aucun d'entre eux ne parlait français ni anglais, mais nous arrivions curieusement à nous comprendre, d'une manière que j'explique toujours par un mystère.

J'ai accompagné Sinan Ozen à son arrivée, ainsi que pendant les jours suivants. La soirée du concert était magique, car j'étais sur scène avec lui. Le lendemain, je l'ai emmené dans les studios d'une radio de Belfort qui souhaitait l'interviewer. La magie a persisté, et j'étais moi-même étonné par tout cela. Un matin, alors que je conduisais, il m'a demandé quelle était ma chanson préférée. Je lui ai donné le titre, et il l'a chantée a capella dans la voiture.

Ensuite, il a appris que ma femme avait des origines turques, ce que j'ai confirmé. Il m'a alors proposé de venir chez nous pour boire un thé et goûter aux fameuses pâtisseries françaises. J'ai immédiatement appelé ma femme pour lui demander d'acheter rapidement des pâtisseries et de préparer du thé, car j'étais en route pour la maison avec Sinan Ozen. Même si elle avait du mal à y croire, elle m'a fait confiance et s'est empressée d'acheter les gâteaux. Vingt minutes plus tard, j'entrais chez nous avec l'artiste qui m'avait ému depuis des mois avec son luth ensorcelant et sa voix envoûtante.

Dans mon salon, j'avais un luth décoratif que j'avais ramené d'un voyage en Turquie. Sans hésitation, il m'a demandé s'il pouvait le jouer. Il l'a pris, l'a accordé à l'aide de son téléphone et a réglé les différentes notes. Devant nos yeux émerveillés, Sinan Ozen s'apprêtait à nous offrir un concert privé dans notre propre salon. Ce moment reste inoubliable et nous émeut encore aujourd'hui lorsque nous le rappelons. De plus, l'artiste a rendu mon luth décoratif encore plus précieux à mes yeux en y inscrivant une dédicace amicale. Rien que de raconter cet épisode de ma vie ici, je ressens des frissons en repensant à ces moments si intenses, puissants et palpitants.

Je vais maintenant vous raconter une autre histoire que j'ai vécue l'année suivante, une aventure tout aussi extraordinaire et incroyable. C'était un dimanche d'automne en 2003. J'étais avec ma femme et nous avions l'intention de nous promener dans un parc. Alors que nous roulions en direction de Sochaux, une maison témoin a attiré notre attention grâce à de grands panneaux publicitaires. Nous avons décidé de la visiter. Une fois à l'intérieur, nous avons été séduits par le modernisme de la maison et nous nous sommes pris à rêver d'y vivre.

Le commercial nous a expliqué le concept de l'entreprise et nous a détaillé les différentes étapes du projet. Le processus consistait à choisir une parcelle parmi celles proposées par la société, qui se chargerait ensuite de la construction. Avec les frais de notaire inclus, le prix total était de 180 000 euros. Malgré cela, j'ai signé un accord de principe pour avoir le temps de réunir les fonds nécessaires.

À cette période de ma vie, je n'avais pas d'économies. Bien que mes salaires fussent corrects, j'étais constamment à découvert car j'aidais alors beaucoup les membres de ma famille, dont mes parents. Le constructeur (SAFC) m'a remis les plans de la future maison que nous avions conçue ensemble sur un logiciel ; il ne me restait plus qu'à m'adresser à ma banque pour un financement. En ce qui concerne le terrain, nous avons opté pour une parcelle de huit ares, située à Beaucourt. La banquière m'a expliqué gentiment que ce projet n'était pas envisageable et que je devais le reporter à plus tard. Étant à la Banque Populaire à l'époque, j'ai simplement décidé de changer de banque, ouvrant ainsi un nouveau compte au Crédit Agricole. Ensuite, je suis allé voir ma nouvelle conseillère qui m'a demandé évidemment les justificatifs de compte des six derniers mois. Elle m'a tenu les mêmes propos que ceux que j'avais entendus à la Banque Populaire, à croire qu'ils communiquaient entre eux ! Comme j'insistais et qu'elle ne voulait pas s'impliquer, elle m'a orienté vers son responsable, qui avait, disait-elle, toutes les prérogatives pour statuer sur mon cas. J'ai donc pris rendez-vous avec lui pour la semaine suivante. Entretemps, j'avoue avoir exploré toutes les solutions, même celle de modifier mes relevés de comptes, mais j'ai vite renoncé à cette idée farfelue qui aurait pu avoir de lourdes conséquences.

Mon épouse et moi avons tout de même fait le tour des vendeurs de cuisines, et nous avons finalement choisi un modèle chez un cuisiniste installé à Kingersheim, près de Mulhouse. Le devis s'élevait à 12 000 euros, et face aux yeux émerveillés de ma femme, j'ai versé un acompte de 600 euros et signé la commande sans me poser de questions. En sortant du magasin, mon épouse effrayée m'a dit que j'avais perdu la tête, que c'était une folie d'acheter une cuisine à 12 000 euros sans l'accord de la banque. Elle avait peur, mais en même temps, elle voulait y croire car elle était rassurée par mon assurance, ma détermination autant que par ma confiance en moi.

Pour récapituler, nous avions signé un accord de principe de 180 000 euros avec le constructeur, et nous venions d'acquérir une cuisine à 12 000 euros alors que nous étions fauchés. Cela ne m'a pas empêché, le jour du rendez-vous, de partir très serein à la banque avec mon dossier en main, incluant tous les devis et les accords de vente ainsi que mes relevés bancaires catastrophiques.

Le banquier a voulu savoir pourquoi j'avais soudainement décidé de changer de banque, et je lui ai expliqué la situation en détail, sans mentir. Il m'a répondu qu'il ne serait pas utile de vérifier mon dossier, car il était évident que je n'étais pas solvable et que je n'avais pas droit au prêt que je sollicitais. Il a ajouté qu'il avait apprécié notre discussion et a proposé de me revoir après six mois.

L'UPPERCUT DE MA DÉLIVRANCE

Je suis rentré à la maison, et en me voyant arriver, ma femme m'a immédiatement demandé comment s'était déroulée l'entrevue. Je lui ai dit que tout s'était bien passé, mais que le banquier ne le savait pas encore. Elle était totalement paniquée, ce qui se voyait, mais j'ai trouvé les mots pour la réconforter, comme toujours. La semaine a passé, et j'ai décidé de tenter le tout pour le tout en demandant un autre rendez-vous avec le banquier, espérant le convaincre cette fois-ci. Le standardiste m'a informé qu'il était absent, ayant perdu sa maman. J'ai ressenti une vive compassion pour lui, et mon instinct m'a poussé à lui écrire une carte de condoléances.

C'était une période où j'étais très créatif, j'adorais la poésie, et tous les sujets m'inspiraient. J'ai donc décidé de lui écrire un poème en hommage à sa maman, et je lui ai fait parvenir ma carte de condoléances sans chercher à le contacter, par respect. Je me disais qu'il venait de vivre une tragédie éprouvante, et qu'il serait malvenu de l'importuner.

La semaine suivante, j'ai reçu un appel de la banque : j'avais obtenu le rendez-vous que j'avais sollicité, et la date m'a été communiquée. Le jour venu, je m'y suis rendu. C'était un vendredi, et je n'oublierai jamais ce moment. Quand je suis entré dans le bureau du banquier (avec lequel, je le précise bien, je n'avais aucune affinité), je lui ai tendu la main, mais contre toute attente, il m'a pris dans ses bras et m'a serré contre lui, les yeux mouillés de larmes.

Il m'a confié qu'au moment où il avait perdu sa maman, il avait touché le fond et que rien ni personne, même pas un proche, n'aurait pu apaiser sa peine. Cependant, la lecture de mon poème avait tellement réchauffé son cœur qu'il m'a demandé comment j'avais pu trouver les mots qui l'avaient réconforté. Il m'a dit : « C'est comme si elle était là, et je le ressentais, car elle adorait la poésie ! » J'ai simplement répondu que j'avais imaginé sa maman comme une personne exceptionnelle et que mon stylo avait fait le reste. C'est alors qu'il a sorti quelques documents d'un tiroir, m'invitant à les signer, et m'a informé que ma femme devait également se rendre à la banque pour les signer. Perplexe face à ce revirement, il m'a expliqué clairement qu'il lui était inconcevable de me refuser ce prêt, car j'avais trouvé les mots qui avaient apaisé sa douleur. Il m'a dit : « Je te suis redevable pour cette bonne action. »

En rentrant chez moi, j'ai annoncé à mon épouse que le prêt avait été approuvé et qu'elle devait se rendre à la banque pour signer les documents. Des larmes de joie ont coulé de ses yeux, et elle a enfin pu se libérer de la tension oppressante qui la tourmentait depuis le début de cette démarche. Quinze jours plus tard, j'ai vu 200 000 euros apparaître sur mon compte, avec toute la latitude nécessaire pour construire la maison dans laquelle nous vivons aujourd'hui.

Rien n'est impossible, et tout peut arriver pourvu que l'on ait la force de croire en cela, ainsi qu'une générosité, une compassion et une gratitude sincères. Nous sommes tous des créateurs potentiels, façonnant notre propre vie. Changez votre perspective sur ce sujet, si ce n'est pas déjà fait, et vous constaterez rapidement les avantages qui en découlent. Tout est possible, tant le pire que le meilleur. Partez à la recherche du meilleur, allez à sa rencontre, vous ne serez pas déçu, je suis la preuve concrète de cela.

Certains diront que c'est la chance, le hasard, peut-être même un miracle. D'autres évoqueront la loi de l'attraction, la physique quantique. Peu importe le nom que vous donnez à ce phénomène, soyez simplement sincère avec votre esprit créatif et laissez vos émotions émettre les vibrations qui seront perçues et qui s'organiseront pour concrétiser vos souhaits. N'oubliez pas que la gratitude, la sincérité et la passion sont les clés du succès. Maintenant que vous savez comment vous libérer de vos habitudes, gérer le stress, vous aimer et aimer les autres, vous êtes également prêt à créer.

CHAPITRE IV
L'ALIMENTATION SOUS TOUTES SES FACES

« NOUS SOMMES CE QUE NOUS MANGEONS, MAIS CE QUE NOUS MANGEONS PEUT NOUS AIDER A ÊTRE BIEN PLUS QUE CE QUE NOUS SOMMES. »

ALICE MAY BROCK

Avant toute chose, il est essentiel que vous preniez conscience du principal élément vital qui nous maintient en vie : la vitamine D, également connue comme "vitamine soleil". Cette vitamine est essentielle et doit être consommée quotidiennement sous forme de rayonnement solaire.

Ne prêtez pas foi aux idées erronées selon lesquelles la vitamine D peut être substituée par des pilules. Le soleil ne peut pas être encapsulé. Je développerai ce point dans un chapitre bonus que j'ajouterai à la fin de ce livre, abordant le thème inextricable du bien-être lié aux croyances et aux religions, où le soleil occupe une place centrale.

Outre le soleil, quel est l'élément vital dont notre corps a le plus grand besoin ? Certains diront l'eau, tandis que d'autres penseront à la nourriture. Cependant, vous pouvez vous abstenir de manger pendant deux mois, voire plus longtemps pour les jeûneurs chevronnés. Vous pouvez survivre huit jours sans eau, mais combien de temps pouvez-vous tenir sans respirer ? À peine quelques minutes !

1. Apprendre à respirer

La première et la plus cruciale source de nourriture essentielle à votre survie et à votre bien-être est l'oxygène présent dans l'air que vous respirez en permanence. Que vous soyez éveillé ou endormi, vos poumons fournissent continuellement de l'oxygène à vos organes, transmettant ce précieux élément à travers le système sanguin pour alimenter le ballet incessant de la vie et de la régénération.

L'air que vous respirez contient 21% de dioxygène, vital pour nos organes, dont le manque entraînerait l'asphyxie. En outre, il contient 78% de diazote et 1% d'autres gaz. Tout comme l'eau, l'air est composé de molécules, mais tandis que l'eau est une substance pure, l'air est un mélange de deux éléments purs : le dioxygène et le diazote.

En respirant, vous nourrissez vos organes et vos cellules grâce à un apport continu de molécules vitales. Votre cerveau peut commander de nombreuses actions à votre corps, comme marcher, sauter, parler, courir, manger, vous taire, etc. Cependant, vous ne contrôlez pas le fonctionnement de vos organes. Votre cœur bat automatiquement, votre foie et vos reins filtrent indépendamment de votre volonté, tout comme votre estomac digère et votre sang circule dans tout votre système vasculaire. Votre respiration se produit de manière autonome, sans que vous ayez à y penser, ce qui est heureux. Si ce n'était pas le cas, les conséquences pourraient être dramatiques, surtout pendant le sommeil.

Cependant, vous avez la possibilité, si vous le souhaitez, de retenir votre respiration et de cesser d'inspirer et/ou d'expirer pendant quelques secondes, voire quelques minutes. À l'inverse, il est impossible d'arrêter le processus de filtration de vos reins et de votre foie, tout comme vous ne pouvez en aucune manière empêcher votre cœur de battre. Vous avez un certain contrôle sur votre respiration, même si vous n'en êtes pas conscient. Vous pourriez pourtant en tirer d'immenses avantages.

En résumé :

– L'oxygène que je respire nourrit tous mes systèmes, y compris mes organes et mes cellules.

– Je ne contrôle pas le fonctionnement interne de mes organes ni l'activité de mon corps.

– Tous les systèmes de mon organisme fonctionnent en mode autonome, échappant à mon contrôle.

– La seule fonction physiologique que je peux réguler est ma respiration ; je peux choisir de la bloquer temporairement.

– Le système immunitaire gère le bien-être de tous les autres systèmes, et il est possible de l'améliorer grâce à la respiration.

Dans ce livre, les scientifiques ou auteurs mentionnés ne sont pas nommés spécifiquement, une décision prise dans un souci d'objectivité. Quant aux anecdotes illustrant les différents chapitres, elles sont toutes authentiques et tirées de mon propre vécu.

Je vais maintenant vous parler d'un homme exceptionnel, sans m'attarder sur les détails de sa vie puisque plusieurs ouvrages l'ont déjà fait très bien. Ce qui nous intéresse ici, c'est sa méthode, que je vais vous expliquer et vous montrer comment je l'ai personnellement mise en pratique. Cet homme est hollandais et il a développé deux techniques visant à renforcer le système immunitaire à travers la respiration et l'exposition au froid.

J'ai découvert ces méthodes en février 2018 lors d'un voyage à l'étranger. Je séjournais à l'hôtel Sofitel à Alger et j'avais un livre consacré à cet homme comme lecture de chevet. Tellement captivé par ce livre, je l'ai terminé en deux jours et j'ai décidé immédiatement de mettre en pratique les principes décrits par l'auteur.

La première technique est simple : elle consiste à inhaler de l'air par le nez ou la bouche, peu importe votre préférence, mais personnellement, je préfère le nez car cela nourrit d'abord le cerveau, puis les poumons et le ventre. En inhalant par la bouche, ce sont les poumons et le ventre qui reçoivent l'air en premier. Ensuite, il faut réaliser une série rapide d'environ quarante respirations tout en laissant l'excès d'air sortir naturellement par la bouche.

J'étais dans ma chambre, confortablement installé dans un fauteuil, les mains sur les genoux. J'inspirais profondément par le nez et laissais simplement l'air excédentaire s'échapper par la bouche. J'ai répété cette série de quarante respirations à un rythme soutenu. À la dernière inspiration, je commençais à ressentir un léger étourdissement, et à ce moment précis, j'expirais complètement pour vider mes poumons, puis je retenais ma respiration. J'essayais de maintenir cette apnée le plus longtemps possible.

L'UPPERCUT DE MA DÉLIVRANCE

À l'époque, je débutais tout juste, mais j'arrivais à retenir ma respiration pendant 90 secondes, après quoi je reprenais une grande inspiration pour remplir mes poumons. Ensuite, je bloquais de nouveau ma respiration en me pinçant le nez. Cependant, je ne parvenais à tenir que trente secondes environ. Il est en effet plus facile de retenir sa respiration avec les poumons vides qu'avec les poumons pleins.

Je répétais ensuite un nouveau cycle en m'efforçant de tenir 30 secondes de plus avec les poumons vides et 10 secondes de plus avec les poumons pleins. Au troisième cycle, je trouvais cela plus facile et j'arrivais à maintenir l'apnée pendant 150 secondes avec les poumons vides et 50 secondes avec les poumons pleins. Lors du quatrième cycle, j'atteignais trois minutes avec les poumons vides et une minute avec les poumons pleins.

Plus je m'exerçais, plus je progressais et plus cela devenait facile. La raison en est simple : cette technique vous permet d'emmagasiner de l'oxygène dans votre sang, qui peut ensuite alimenter vos cellules. Lorsque l'oxygène commence à manquer dans vos poumons, vous pouvez continuer à résister en utilisant les réserves stockées dans vos cellules. Vous pouvez même ressentir de légers picotements aux extrémités lorsque cette énergie circule. Grâce à une pratique régulière, j'ai réussi à maintenir une apnée pendant jusqu'à huit minutes. Cependant, pour parvenir à ce résultat, j'ai dû changer d'environnement, y compris d'hôtel.

Ce mode de respiration m'a également aidé à adopter une autre recommandation : les douches froides. Ce n'était pas une tâche facile et cela m'a initialement rebuté, jusqu'au jour où j'ai eu l'idée d'utiliser ce que j'appelle la "technique du frisson". J'ai remarqué que lorsque nous avons froid, nous commençons à trembler et à frissonner, nos dents claquent, et j'ai vite compris que c'était une réaction naturelle pour lutter contre le froid. Le corps fait tout son possible pour nous protéger, et il vous appartient de bien interpréter ces signaux.

Donc, avant de prendre une douche froide, je simulais des tremblements en contractant et relâchant mes mains, en faisant trembler mon corps autant que possible. Quand je commençais à sentir de la chaleur, je me dirigeais vers la douche froide. Les premiers instants étaient revigorants, mais ensuite, l'eau froide devenait moins agréable. Lorsque j'ai changé d'hôtel pour le Sheraton Club des Pins, un grand hôtel à Alger avec une plage privée, j'ai fait une découverte importante. J'ai réalisé que la respiration, combinée à l'exposition au froid et à la méditation, était encore plus efficace. Quelle combinaison fabuleuse !

Le soir, après une séance d'entraînement d'une heure à la salle de sport, et toujours en mars, période fraîche en soirée, j'allais à la plage en short, torse nu et encore couvert de sueur. Je creusais un trou dans le sable et m'asseyais en position du lotus. Pour plus de confort, je comblais les espaces vides autour de mes hanches et de mes genoux avec du sable. J'utilisais un masque pour les yeux et un casque audio pour écouter en boucle les apaisants "Canons de Pachelbel".

Je continuais donc avec mes quatre cycles de respiration tout en profitant de l'air iodé de la mer. Je comptais soigneusement les instants d'apnée : un, deux, trois… Au fil du temps et de l'entraînement, j'ai commencé à me laisser emporter pendant les moments d'apnée. Mon esprit semblait se perdre dans l'espace, et un jour, sans que je m'en rende compte, j'ai eu une sensation semblable à un orgasme cérébral. C'était comme un orgasme sec, accompagné d'un désir irrésistible de reprendre ma respiration tout en la maintenant suspendue. C'était un sentiment de bien-être indescriptible. Peut-être y avait-il un lien avec l'éjaculation réflexe qui se produit lors d'une pendaison, ou avec le plaisir que certains enfants ont malheureusement expérimenté en jouant au jeu du foulard – ce que je déconseille évidemment fortement.

Après avoir terminé mes quatre cycles, j'en voulais encore plus. Je les ai donc répétés, cette fois à genoux dans le sable. Pendant les phases d'apnée, au lieu de me détendre et de laisser mon esprit vagabonder, je faisais des pompes : un cycle avec les poumons vides, suivi d'un autre avec les poumons pleins. Aussi incroyable que cela puisse paraître, grâce à la pratique quotidienne, j'ai fini par être capable de faire cent pompes d'affilée sans respirer. J'étais moi-même surpris et impressionné par cette réalisation. J'avais l'impression de devenir un super-homme.

Je concluais mes quatre cycles à la tombée de la nuit. À ce moment, je simulerai une crise de frissons face à la mer sombre et mystérieuse, cela ne me prenait que cinq minutes environ. Ensuite, je m'immergeais dans l'eau sans hésitation. Le ridicule ne tue pas, comme en témoigne ma survie. Les personnes qui se promenaient sur la plage me regardaient d'un air inquiet, peut-être pensaient-elles que j'étais excentrique. Je sentais le contact agréable de l'eau chaude sur ma peau, et il était difficile de sortir de l'eau. J'avais l'impression que la mer et moi ne faisions qu'un. Chaque week-end, très tôt le matin, je respectais fidèlement ce rendez-vous privilégié avec la mer. J'observais le lever du soleil avec émerveillement, un spectacle à couper le souffle qui régalait mes yeux, tandis que la fraîcheur de l'aube me gratifiait de douces et chaleureuses caresses.

D'un point de vue scientifique, il est établi que les nourrissons naissent avec des amas de graisse brunâtre, communément appelée graisse brune. Ces amas d'adipocytes jouent un rôle crucial en aidant les bébés à se protéger du froid. À force d'exposition au froid, les adultes convertissent leurs graisses blanches en graisses brunes, lesquelles alimentent les mitochondries pour produire de l'énergie (ATP), générant ainsi de la chaleur. Un cycle naturel parfait !

La nature est bien faite, il suffit de la comprendre. D'un côté, vous perdez du poids naturellement, et de l'autre, vous renforcez votre système immunitaire. Tout cela en apprenant à respirer, à pratiquer l'apnée et en vous exposant au froid. La respiration est un aliment essentiel que nous devons apprendre à consommer. Elle est gratuite pour tous, mais il est préférable de privilégier les endroits éloignés des sources de pollution. Rien de mieux qu'un environnement naturel pour profiter de l'air pur mis gracieusement à notre disposition partout sur la planète.

2. Apprendre à boire

L'eau occupe la deuxième place après l'air, mais les deux sont étroitement liés et semblables. Tout comme l'air, l'eau est constituée de molécules (oxygène et hydrogène), mais elle se distingue par le fait d'être un corps pur à part entière. Elle existe sous trois formes : solide, liquide et vapeur. Comme je l'ai expliqué précédemment, l'eau constitue plus de 70 % du corps humain, prenant ses trois formes : solide en formant le corps, liquide en circulant dans les fluides et les humeurs, et vapeur grâce à la respiration et aux gaz produits. On pourrait même dire que la forme humaine est celle de "so-li-va" (solide, liquide, vapeur).

Lorsque vous respirez et mangez, vous vous nourrissez d'air et d'aliments qui contiennent de l'eau, mais généralement pas suffisamment pour empêcher votre organisme de stocker ce précieux liquide. Votre corps, par instinct de conservation, cherche en permanence à vous protéger. Mais que se passe-t-il lorsque vous manquez d'eau ? Pour limiter les dommages, sa première stratégie consiste à constituer des réserves d'eau, ce qui peut entraîner une rétention hydrique et vous faire paraître plus gonflé.

J'ai également expliqué dans le troisième chapitre de ce livre que l'eau est vivante, qu'elle ressent les émotions et qu'elle possède une mémoire. Donc, pour que l'eau que vous consommez soit bénéfique pour votre organisme, elle doit être chargée d'émotions positives, et vous devez entretenir des intentions bienveillantes à son égard. Ce qui compte dans l'eau, au-delà des minéraux qu'elle contient, c'est le message qu'elle transporte. L'eau que vous buvez, qu'elle provienne du robinet ou d'une bouteille, n'a pas été traitée (contrairement à ce que l'on vous dit), mais plutôt maltraitée. Si vous la buvez sans la considérer, en dehors de son pouvoir de vous désaltérer, elle ne vous apportera pas ce qu'elle souhaiterait partager avec vous. L'eau est vivante dans son état naturel, et elle continue de vivre à condition que vous l'aidiez à se revitaliser en partageant avec elle des émotions positives de joie et d'amour. L'eau prend forme en fonction de vos émotions. La gratitude, la joie et l'amour génèrent de beaux cristaux dans l'eau, dont la perfection est observable au microscope sur des échantillons gelés. De la même manière, l'eau peut prendre des formes chaotiques et inesthétiques lorsqu'elle est chargée d'émotions négatives. Les microscopes confirment également cela.

L'eau doit être riche en électrons (particules de charge négative, du point de vue chimique). Cela signifie qu'elle doit être ionisée, revitalisée et dynamisée. L'eau stagnante ne peut accumuler suffisamment de charges électriques pour stocker une énergie potentielle. Sans entrer dans les détails chimiques, je vais vous donner un aperçu de l'importance de boire une eau riche en électrons. Dans la nature, tout est en mouvement. L'air circule et tourbillonne grâce aux vents, et cela le revitalise et le charge en ions.

Il en va de même pour l'eau. Les ruisseaux et les rivières sont en mouvement perpétuel. Les mers et les océans se meuvent avec les vagues, formant des tourbillons appelés vortex. On peut vous proposer divers appareils pour dynamiser votre eau, mais de mon côté, je vais vous expliquer comment en fabriquer un presque gratuitement. Prenez deux bouchons identiques adaptés à la bouteille que vous utilisez. Percez un trou de huit millimètres de diamètre au centre de chaque bouchon, puis collez-les ensemble (j'utilise un pistolet à colle chaude alimenté par une bougie).

Assurez-vous que les deux bouchons adhèrent solidement l'un à l'autre, puis vissez une face sur le goulot d'une bouteille remplie d'eau aux deux tiers. Vissez l'autre face sur une bouteille vide et tenez l'ensemble par le milieu, c'est-à-dire au niveau du double bouchon, et faites-le tourner vigoureusement dans le sens inverse des aiguilles d'une montre. Placez ensuite l'ensemble sur une surface plane, avec la bouteille vide en bas et la bouteille pleine en haut. L'eau s'écoulera vers le bas en formant un beau vortex qui la dynamisera. Répétez l'opération plusieurs fois et goûtez l'eau. Vous remarquerez un changement de goût, et si vous prenez l'habitude de dynamiser votre eau avant de la boire, vous en ressentirez rapidement les effets bénéfiques sur votre santé. Ne sous-estimez pas le pouvoir de l'eau.

Les animaux domestiques boivent la même eau que nous. Cependant, lors de violents orages, il a été observé que les animaux se dirigent instinctivement vers les flaques d'eau de pluie pour s'abreuver, délaissant l'eau que nous leur donnons habituellement à boire. Les analyses ont démontré que l'eau de pluie d'un orage est chargée des trois éléments vitaux : physique, éthérique et astral. Même si elle est boueuse, les animaux préfèrent la boire. L'eau est magique, elle nous nourrit, nous purifie et nous nettoie. Elle est un élément indispensable dans les rituels religieux. D'ailleurs, le déluge n'était-il pas un moyen de purifier toute la planète ? Ne négligez pas les ressources inestimables de l'eau et apprenez à en tirer tous les avantages. L'eau est une alliée de votre santé, de votre hygiène et de votre équilibre.

3. Apprendre à manger

L'air que vous respirez et l'eau que vous buvez sont essentiels pour votre nourriture et votre vie. Cependant, qu'en est-il des aliments que vous consommez ? Avant d'explorer cette question, je tiens à parler d'un élément fondamental qui joue un rôle crucial dans la santé : la terre. Tout ce que vous mangez provient de la terre et nourrit également les animaux que vous consommez. Votre alimentation devrait principalement être composée de végétaux, de minéraux, et pour ceux qui le souhaitent, de produits d'origine animale tels que la viande, les œufs et le lait. Lorsque je parle de viande, je fais référence à la chair d'animaux herbivores. À mon avis, les animaux carnivores ne devraient pas être consommés.

Bien que l'être humain ne mange pas directement de la terre, nous commettons une grave méprise à cet égard ! En réalité, la terre est riche en ions négatifs, essentiels à l'équilibre de notre bioélectricité. Il est important de noter que les termes "positif" et "négatif" ne doivent pas être compris ici comme bons ou mauvais. En bioélectricité, les charges négatives sont considérées comme bénéfiques, tandis que les charges positives en excès peuvent être nocives, car elles ont un effet oxydant sur les cellules de l'organisme. Les ions négatifs, également appelés électrons ou anions, sont précieux pour votre bien-être.

Il est crucial de comprendre que l'équilibre biologique repose sur des phénomènes électriques. Votre santé dépend d'un fort potentiel en électrons, qui contribuent à maintenir (et si nécessaire, rétablir) l'équilibre acido-basique, à oxygéner et hydrater le corps, ainsi qu'à le détoxifier et le régénérer. Le corps humain est parcouru par des influx électro-chimiques, par lesquels les cellules communiquent entre elles. Le courant électrique qui parcourt les neurones de notre cerveau et de notre système nerveux nous permet de percevoir le monde, de voir, d'entendre, de bouger, de penser, de rêver, etc. Sans cette électricité, la vie ne serait pas possible. C'est pourquoi des électrochocs sont utilisés en cas d'arrêt cardiaque, pour rétablir le courant électrique dans le cœur.

L'UPPERCUT DE MA DÉLIVRANCE

Sans entrer dans les détails, un auteur américain aborde brillamment ce sujet dans un livre que j'ai lu avec passion : "Earthing : The Most Important Health Discovery Ever ?" (Se relier à la Terre : La découverte de santé la plus importante de tous les temps ?). J'aimerais simplement expliquer les avantages de cette découverte surprenante, appelée "earthing" en anglais. Comme je l'ai mentionné dans les chapitres précédents, mon travail m'a souvent amené à voyager, et lors de ces missions à l'étranger, j'ai beaucoup appris. De nombreuses réponses à mes questions sont apparues comme par magie dans de nouvelles situations, et des signes dans ma vie m'ont guidé vers la lumière.

En 2014, on m'a offert une mission en plein désert du Sahara algérien. J'ai accepté et me suis retrouvé logé dans une base de vie entourée de dunes de sable. C'était un paysage magnifique mais intimidant. Je dormais dans un modeste bungalow modulaire équipé du strict minimum : un lit, une table de nuit, une armoire, un bureau, une chaise et un téléviseur. Il y avait aussi une très petite salle de bains avec une cabine de douche si petite que je devais sortir pour me savonner, puis y retourner pour me rincer. Cela dit tout !

Les débuts n'ont pas été faciles, je ne vais pas vous mentir. J'étais souvent submergé par un sentiment de cafard permanent, difficile à surmonter. Heureusement, je n'étais pas seul, et c'était un réconfort de savoir que d'autres partageaient cette épreuve avec moi. Chaque matin, accompagnés d'une escorte militaire, nous nous rendions sur le site de travail, à neuf kilomètres de la base. Bien que la base ait été ouverte prématurément et n'ait offert aucun moyen de distraction, j'ai choisi de mettre à profit mon temps libre en lisant et en m'adonnant à l'activité physique.

Le sport ayant toujours fait partie de ma vie, j'ai développé un besoin irrépressible de transpirer, comme si je devais mériter ma douche et mon repas. Contrairement à certains de mes collègues qui comblaient leur ennui avec des séries télévisées marathon ou des moments arrosés, je préférais occuper mon temps libre avec la lecture et l'exercice. L'activité physique était pour moi une échappatoire et une manière de me sentir bien.

Mon attachement au sport m'a conduit à une rencontre inattendue qui a marqué ma vie à jamais : ma découverte du désert. J'ai commencé à explorer cet environnement qui s'offrait à moi. J'ai décidé de courir dans le désert et j'ai rapidement développé un goût pour ces courses dans les dunes de sable fin, malgré la chaleur intense qui aurait pu faire cuire un œuf au plat sur le capot d'une voiture. Chaque jour, je m'aventurais à courir dans les dunes, et un jour, j'ai eu le courage de gravir l'une d'entre elles. C'était une montée difficile, les deux kilomètres pour atteindre le sommet étaient un vrai défi. Mais une fois arrivé en haut, la récompense était au rendez-vous. La vue panoramique qui s'offrait à moi était à couper le souffle. C'était le moment précédant le coucher du soleil, et le spectacle était d'une beauté indescriptible. J'ai vécu un instant magique, conscient de ma chance d'être témoin de ce spectacle. Cependant, il y avait un petit inconvénient : le sable s'était infiltré dans mes chaussettes et mes chaussures, ternissant légèrement ma joie.

Au fil d'une année entière, sans même m'en rendre compte, je suis devenu un expert de la course à pied dans le désert. Lors de mes courses, j'emportais toujours avec moi un "Camel bag", une poche d'eau reliée à un tuyau qui me permettait de boire en courant. J'étais passionné et je ne voulais pour rien au monde manquer un lever ou un coucher de soleil dans ce désert vaste et tranquille.

Au cours de mes courses, j'ai testé diverses marques de baskets pour trouver la paire la plus confortable et adaptée. J'ai finalement trouvé des chaussures minimalistes qui enveloppaient chaque orteil individuellement, comme des chaussettes en caoutchouc. J'ai constaté que ces chaussures me causaient des douleurs aux genoux lors de la course sur l'asphalte, tandis que je n'éprouvais aucune gêne lors de la course sur le sable. C'est alors que je me suis posé une question simple : pourquoi ne pas courir pieds nus ?

J'ai fait quelques essais en courant tôt le matin ou tard le soir pour éviter de me brûler les pieds sur le sable brûlant. Courir pieds nus a été une expérience transformative. Je me sentais plus léger, plus vivant, bien que l'angoisse de marcher sur un scorpion ou toute autre créature du désert me taraudait encore. Cependant, au cours des deux années que j'ai passées dans l'immensité silencieuse du désert, je n'ai jamais croisé ni vu de telles créatures.

La course pieds nus s'est révélée être une réussite pour moi, ce qui m'a incité à approfondir mes connaissances sur le sujet. Au cours de mes recherches, j'ai découvert le livre d'un auteur incroyable que j'ai lu avec avidité, nourri par une soif insatiable d'apprendre. J'ai décidé d'acheter des sandales conçues pour se connecter à la terre grâce à une pastille de cuivre intégrée sous la semelle en cuir. J'étais impatient de répéter mon ascension de la fameuse dune, et c'est chaussé de ces sandales connectées que je me suis lancé dans cette aventure. Ce que j'ai ressenti alors fut véritablement magique. Il semblait y avoir un échange entre le sable et moi, au point que j'avais l'impression d'entamer un dialogue avec cet environnement.

Arrivé au sommet de la dune, j'ai retiré mes sandales. Mes pieds nus enfoncés dans le sable m'ont procuré un bien-être incroyable. Un frissonnement d'énergie me parcourait le corps, comme si une force surnaturelle me nourrissait et me permettait de percevoir le spectacle sublime du désert dans toute sa splendeur. C'était une expérience singulière et extraordinaire. À ce moment-là, j'avais l'impression de fusionner avec la dune, de prolonger son dôme.

Le temps passa, et toutes les six semaines, mes collègues et moi avions la chance de rentrer chez nous. La vie d'expatrié n'était pas simple, surtout lorsque l'on laisse sa famille au pays. Ces dix jours de congé étaient très attendus et étaient le moment où nous quittions la base pour embarquer dans un petit avion de six places, qui nous conduisait en quarante minutes à Hassi Messaoud. De là, nous prenions un avion plus grand, un ATR, pour rejoindre la capitale. Enfin, depuis l'aéroport d'Alger, nous embarquions à bord d'un Boeing pour rentrer en France.

Les différences entre le petit avion et le Boeing étaient flagrantes. Pendant le trajet en petit avion, je ressentais toujours des sensations négatives et des frayeurs. L'altitude était particulièrement ressentie, et tandis que nous montions en altitude, la distance entre l'avion et la terre semblait s'étirer à l'infini. Cette expérience pouvait être vertigineuse, et ce n'était qu'au moment où nous retrouvions le sol que le soulagement et la confiance revenaient.

Lorsque je suis chez moi, j'aime souvent toucher les branches du pêcher que mon épouse a planté en face de notre cuisine. Je le fais toujours pieds nus, peu importe la saison, et cela me revitalise profondément. C'est ainsi que j'ai découvert l'importance de se connecter avec la terre. Le contact de la peau avec l'herbe humide a un effet nourrissant et régénérant, et cette sensation est décuplée lorsque l'on est pieds nus, car la plante des pieds est riche en capteurs sensoriels. D'ailleurs, c'est pourquoi nous sommes si chatouilleux à cet endroit.

Il est intéressant de noter que les maladies auto-immunes ont commencé à être diagnostiquées dans les années 1950, à peu près au moment où les semelles en caoutchouc sont devenues populaires. En remplaçant les semelles en cuir, qui sont conductrices, par des semelles en caoutchouc, un matériau isolant, nous avons progressivement rompu le lien avec la terre. Je ne crois pas que ce soit une simple coïncidence. Être constamment déconnecté de la terre nous prive de sa nourriture essentielle, riche en électrons. Imaginez que vous ne vous sentiez pas bien en raison d'un problème cardiaque, familial, financier ou autre. Un ami vous invite à passer quelques jours au bord de la mer, dans un bungalow près de l'eau. Dès votre arrivée, vous profitez de la mer et vous marchez pieds nus sur le sable humide. Le deuxième jour, vous commencez à vous sentir mieux, même si vos problèmes n'ont pas disparu. Vous parvenez à mieux les gérer, à mieux dormir et manger, et à être plus heureux, malgré les aléas de la vie.

La raison est simple : en marchant pieds nus et en respirant l'air iodé de la mer, votre corps rétablit son équilibre bioélectrique. Vous éliminez les ions positifs en excès et vous vous rechargez en ions négatifs, nourrissants et bienfaisants. C'est un phénomène à la fois magique et simple.

Chez moi, nous sommes tous connectés à la terre. Ma femme, mes enfants et moi avons intégré à notre literie des draps et des taies d'oreiller conducteurs, en coton tissé avec des fils conducteurs. Ils sont reliés à la terre grâce à un piquet planté dans le jardin. Si vous n'avez pas de jardin, vous pouvez les brancher à une prise murale adaptée. Vous pouvez trouver ce type de produits en ligne.

Nous vivons sans doute d'amour et d'eau fraîche, comme le dicton le dit si bien. Mais nous dépendons également de l'air et de l'énergie tellurique, ainsi que de la bonne vieille nourriture ! Bien que l'air, l'eau et les ions terrestres soient extrêmement revigorants, ils ne procurent aucune saveur naturelle à la bouche, aucun arôme ne leur est associé. Notre corps a un besoin crucial de vitamines, de sels minéraux et de protéines pour alimenter nos cellules, organes et muscles. Cela signifie que la consommation de légumes, de fruits, de plantes, de sel, d'épices, d'œufs, et pour les omnivores, de poisson ou de viande, est impérative. Bien sûr, il existe d'autres produits tout aussi importants.

Pour amorcer notre réflexion, focalisons-nous sur la bouche, point d'entrée de tous ces aliments. C'est là qu'ils sont mâchés et savourés avant d'être ingérés. La bouche, cette montagne énigmatique, avec ses dents solidement ancrées dans les gencives, ses mâchoires, et cet organe miraculeux qui nous permet également de parler : la langue.

J'ai depuis toujours compris que des dents en bonne santé jouent un rôle crucial dans la prévention des maladies, car leur état est étroitement lié à notre bien-être général. J'ai en particulier pris conscience des dangers des amalgames dentaires pour la santé, pouvant affaiblir l'organisme et entraîner des conséquences sérieuses. Ces plombages buccaux sont toxiques et renferment le même mercure qui intoxique certains gros poissons et crustacés marins. L'alimentation moderne contient également d'autres formes de métaux lourds tels que l'aluminium et le cadmium, présents presque partout. Cependant, je ne m'étendrai pas longuement sur ce sujet, car il est bien couvert dans des ouvrages tels que "Vérités sur les maladies émergentes", que je recommande vivement pour une meilleure compréhension de l'ampleur des métaux lourds en tant que problème de santé publique.

Revenons à la bouche, et laissez-moi partager un épisode singulier de mes expériences personnelles tout en vous exposant une constatation récente à laquelle j'en suis arrivé. Je suis une personne qui aime mettre en pratique mes découvertes sur moi-même avant de les partager avec autrui. Cela fait déjà longtemps que je pratique les lavements du côlon chez moi, avec une poche et une canule, et j'ai récemment décidé de tester une irrigation du côlon chez un professionnel. Ayant observé les effets des lavements du côlon pratiqués individuellement à la maison, je vous recommande de ne pas en abuser, car cela pourrait affaiblir votre organisme. Je préfère personnellement les utiliser pour me nourrir, en les combinant avec de la vitamine C et du MMS pour éliminer certains parasites. Je développerai cet aspect plus tard.

J'ai donc pris rendez-vous avec un professionnel à Besançon, une grande ville située à 80 kilomètres de chez moi. Avant le jour J, j'ai pris soin de prendre du psyllium pendant quatre jours et je me suis présenté à jeun à mon rendez-vous. C'est une ancienne infirmière qui m'a pris en charge, et la séance a duré environ une heure. On ne peut imaginer tout ce qui peut être évacué de notre corps, et surtout en quelle quantité ! À la fin de la séance, l'infirmière m'a indiqué qu'il faudrait au moins trois séances pour que je ressente pleinement les bienfaits de l'irrigation.

Je pris donc un autre rendez-vous, à quinze jours d'intervalle. Pendant ces deux semaines, je partis en vacances avec ma petite famille et dérogeai à mes habitudes alimentaires. Je crois que je n'ai jamais autant abusé de glace. Au quatrième jour des vacances, une douleur intense frappa mon oreille gauche. Bien que je souffrisse, je refusai de consulter un médecin ou de prendre des antalgiques. J'optais plutôt pour un traitement à l'eau très chaude que je plaçais dans un verre au-dessus duquel je plaçais mon oreille, la vapeur me procurant un certain soulagement.

Après le retour de nos vacances, qui coïncidait avec la veille de mon deuxième rendez-vous, mon oreille était toujours partiellement bouchée. J'entrepris donc ma deuxième séance d'irrigation colonique en étant quelque peu préoccupé par mon problème auriculaire. Heureusement, la séance se passa bien et je quittai le cabinet de l'hydrothérapeute satisfait et plein d'énergie. Cependant, au moment où je m'installais dans ma voiture, un plombage surmonté d'un bridge posé en 2008 se détacha de ma mâchoire. Je le pris entre mes doigts et l'examinai, surpris par ce clou en plomb coiffé d'une fausse dent. Étonnamment, mon oreille se déboucha instantanément et la douleur s'apaisa aussitôt. De manière étrange, mes douleurs dentaires disparurent. Cependant, malgré cela, je devais retourner au travail et il était essentiel de consulter un dentiste. Heureusement, j'en trouvai un qui me posa un pansement et me fournit un devis pour le remplacement du bridge, bien que je le trouvai excessivement cher.

L'UPPERCUT DE MA DÉLIVRANCE

Ainsi, je me lançai dans la recherche d'un cabinet dentaire offrant des tarifs plus raisonnables. Les dentistes, il faut le dire, semblent être avides d'argent dès qu'il s'agit de soins dentaires ! Ma quête fut couronnée de succès, allant même au-delà de mes attentes. J'eus la chance de tomber sur l'autobiographie d'un professeur à la retraite qui avait fait une découverte révolutionnaire en matière de santé dentaire. Ce professeur, ancien dentiste et enseignant à l'université de Marseille dans sa jeunesse, avait été frappé par une douleur lancinante à la tête. La douleur était si insoutenable qu'il avait dû quitter son cabinet et abandonner ses patients. Contraint de rentrer chez lui, il tenta en vain d'apaiser sa souffrance et finit par se rendre à l'hôpital où il fut soumis à une série de tests alors disponibles à l'époque. À l'absence de scanners et d'IRM, on réalisa un électrocardiogramme et diagnostiqua un cancer du cerveau. On le renvoya chez lui en lui signifiant qu'il n'y avait guère de solutions.

La douleur persistait, poussant le professeur à serrer les lèvres dans un effort d'apaisement. À sa grande surprise, ce geste sembla calmer la douleur. En serrant les lèvres plus fermement, il finit par ne plus ressentir de douleur du tout. Grâce à sa formation médicale, il creusa pour comprendre ce miracle. Finalement, il découvrit que ses douleurs résultaient du grincement de ses dents, causé par un déséquilibre de la mâchoire.

Une mauvaise santé bucco-dentaire, associée au stress, peut provoquer un déséquilibre entre la mandibule (mâchoire inférieure) et le maxillaire (mâchoire supérieure). Ce déséquilibre engendre non seulement un comportement de serrage des dents avec force, provoquant un grincement, mais aussi des problèmes articulaires, des céphalées intenses, voire une détérioration de l'état de santé général.

Un exercice simple peut contribuer à rétablir cet équilibre. En inspirant par le nez et en bloquant ensuite la respiration avant d'expirer, à répéter trois fois, suivi de l'exercice consistant à pousser avec la langue contre le palais tout en serrant les lèvres et les fesses, cinq à sept fois d'affilée. Cependant, une visite chez le dentiste pour réaligner vos dents reste fortement recommandée.

Mon apprentissage provenait ainsi de la perte de mon bridge. Je peux certifier que cette méthode est véritablement efficace. Avant cette expérience instructive, j'ignorais que la mâchoire exerce une pression équivalente à trois cents kilogrammes, et qu'elle est l'unique articulation en action 24 heures sur 24. Une telle pression soutenue pendant toute la nuit entrave un sommeil réparateur. Par conséquent, relâchez votre mâchoire et détendez-vous au coucher.

Maintenant, vous savez comment entretenir une bouche en bonne santé. Plus tard, je vous parlerai du MMS, une solution minérale aux propriétés étonnantes pour l'hygiène bucco-dentaire, mais aussi pour lutter contre toute une variété de problèmes de santé. Pour le moment, retenez simplement que c'est un produit exceptionnel pour un brossage dentaire encore plus efficace.

Passons à présent à l'alimentation proprement dite, soit les aliments qui garnissent nos réfrigérateurs, ornent nos tables et finissent dans nos estomacs, parfois en excès, malmenant notre organisme.

Pour guider notre alimentation, les métiers de nutritionniste et de diététicien ont été officiellement reconnus en 2007. Autrefois, de telles professions n'étaient pas nécessaires. Jusqu'aux années 60-70, voire 80, nous consommions encore des aliments plus ou moins sains et naturels. L'industrie alimentaire était à peine présente, et les produits "révolutionnaires" vantant leurs mérites étaient hors de portée de la plupart des gens en raison de leur coût élevé. Le naturel était accessible aux budgets modestes, et l'agriculture locale suffisait à nourrir les populations tant urbaines que rurales. L'élevage suivait des méthodes traditionnelles, les animaux de ferme fournissant principalement viande, œufs et lait.

L'UPPERCUT DE MA DÉLIVRANCE

Dans mon enfance, mes parents m'envoyaient chercher du lait chez un paysan, et ma mère fabriquait elle-même le beurre à la maison. Nous buvions uniquement de l'eau, réservant les sodas, jus et boissons sucrées pour les occasions spéciales. Notre alimentation était variée, et le pain avait cette saveur caractéristique du vrai pain, que nous prenions plaisir à sentir avant de le savourer. L'odeur alléchante du pain fraîchement sorti du four suscitait une telle excitation que nous ne pouvions pas attendre le repas pour le dévorer. Les légumes avaient ce goût authentique du terroir, réjouissant nos papilles par leurs arômes.

Les fruits étaient des friandises. Je me souviens de l'orange que nous recevions à l'école juste avant Noël, accompagnée d'un sachet de papillotes. Cette orange était un trésor précieux, je la savourais en secret, craignant de devoir la partager. Essayez d'offrir une orange à un enfant aujourd'hui et vous verrez dans son regard la déception et le désintérêt ! Selon les saisons, nous cueillions des prunes, des pommes, des poires, des cerises...

Les agriculteurs nous permettaient de profiter généreusement de leurs abondantes récoltes. Nous allions également dans les bois à la recherche de fraises sauvages, de mûres, de myrtilles, de noisettes... Parfois, je dois avouer que je cédais à la tentation de chaparder un peu d'un arbre interdit !

C'était véritablement une époque merveilleuse où nous ne consommions que des fruits de saison, principalement locaux. Je me rappelle n'avoir mangé des figues, nèfles, melons ou pastèques qu'en vacances dans ma région natale. Dans le grand réfrigérateur de la maison familiale, le seul fromage disponible était le Charcenay. Bien qu'il soit toujours en vente, son goût a changé. D'ailleurs, tous les fromages ont perdu leur saveur d'antan. Quant aux nouveaux produits laitiers inondant les rayons de nos jours, ils manquent de saveur et des arômes frais et subtils qui charmaient nos papilles auparavant. Mon palais n'a pas été altéré par la nostalgie, mais par l'industrialisation excessive de l'industrie agroalimentaire, sacrifiant sans scrupules les richesses énergétiques et nutritionnelles naturelles pour le profit et l'intérêt, sous le prétexte du progrès...

Les sols ont été contaminés et l'industrie alimentaire a déployé une stratégie sournoise pour attirer et retenir les consommateurs : l'usage excessif du sucre, présent de nos jours dans la plupart des produits alimentaires vendus en boîte, sachet, pot, bouteille, etc. Tous les aliments transformés en contiennent. C'est une substance addictive dissimulée dans presque tous les produits des rayons alimentaires. Cette substance subreptice engendre une dépendance tenace à tous les aliments auxquels elle est ajoutée. Même la charcuterie n'est pas épargnée. Il convient également de se méfier des produits prétendument "light" ou "sans sucres ajoutés" qui sont tout aussi nocifs, voire plus, car les édulcorants de substitution qu'ils contiennent sont néfastes pour la santé.

Cette digression sur le sucre n'est pas sans pertinence. J'ai souhaité aborder ce sujet en détail car il est étroitement lié à un ennemi qui représente une menace pour nous tous et qui a des répercussions sur notre santé : un hôte vivant en nous, se nourrissant de nous, un minuscule champignon appelé Candida albicans. Cette levure est naturellement présente dans la flore intestinale et y joue un rôle essentiel, notamment dans l'élimination des métaux lourds. Cependant, lorsque des déséquilibres hormonaux ou immunitaires surviennent, elle peut proliférer et devenir pathogène, attaquant l'organisme. Lorsque Candida albicans se multiplie de manière excessive, elle libère des toxines qui causent des dommages graves aux organes. Cette condition est appelée candidose.

Candida albicans se nourrit de sucre, qui est son aliment de prédilection. Elle est friande de toutes les formes de sucre. Plus vous consommez de sucre, plus cette levure colonise votre corps et envahit vos organes, y compris le cœur et le système nerveux. Il ne faut pas sous-estimer cette menace, elle est redoutable, sournoise et extrêmement adaptative. Elle peut influencer vos émotions et vous inciter à lui fournir davantage de sucre. Vous la nourrirez inconsciemment. Lorsque vous vous sentez déprimé ou ennuyé, vous ressentez souvent un besoin irrésistible de sucre pour vous remonter le moral. Cette attraction envers le sucre n'est pas le fruit du hasard : elle est dictée par Candida albicans.

Je fais une comparaison personnelle entre ce champignon et la religion, mais cela ne représente que mon interprétation. Le Coran, de même que la Bible et la Torah, évoquent le fruit défendu. Dieu ordonna à Adam de ne pas s'approcher de l'arbre interdit ni de manger son fruit, tout en lui donnant deux recommandations, l'une environnementale et l'autre alimentaire. En latin, le mot "pomum" signifie fruit dans un sens général. On suppose généralement qu'il s'agit d'une pomme, mais en réalité, le texte de la Genèse ne spécifie pas quel fruit est concerné.

Il est reconnu que tout a une origine, et selon les religions monothéistes, l'origine de l'humanité est Adam. Cela me conduit à penser que la source du glucose contenu dans les fruits et dans les végétaux en général pourrait provenir du fruit interdit. Vous connaissez l'histoire : le diable sema le doute dans l'esprit d'Adam en lui faisant croire que manger ce fruit révélerait les secrets de la connaissance et de la vie éternelle. Adam succomba à la tentation, s'approcha de l'arbre (un environnement pollué) et mangea le fruit (aussi pollué). C'est à ce moment que Dieu lui dit : "Tu as perdu tes vêtements de piété, et ta nudité t'est apparue."

Adam venait de perdre ses boucliers protecteurs. Bien sûr, ces boucliers ne sont pas visibles à l'œil nu, ils ne sont pas palpables, un peu comme la couche d'ozone, cette protection contre les rayons ultraviolets du soleil, invisible à nos yeux. Tout comme tout autre fruit, celui que Dieu interdit à Adam contenait du sucre, lequel nourrit Candida albicans. Ne serait-il pas possible que, par conséquent, en consommant ce fruit, Adam ait perdu son bouclier protecteur contre cette levure parasitaire ?

À cette époque, les confiseries et autres friandises étaient rares, et le seul sucre pouvant être préjudiciable à l'homme était celui contenu dans l'alcool. L'alcool est produit par la fermentation de fruits ou d'autres végétaux contenant du sucre. Candida albicans est friande d'alcool. Cela pourrait expliquer pourquoi le vin a été interdit aux croyants, du moins c'est une hypothèse plausible. Il est bon de rappeler que les Arabes ont inventé les boissons alcoolisées fortes.

Lorsque les résidus de la digestion stagnent trop longtemps dans vos intestins (parfois pendant des années) et fermentent, il se produit alors un phénomène similaire à celui d'un alambic : des vapeurs d'alcool émanent de vos intestins et votre organisme réagit comme si vous aviez consommé de l'alcool. Votre cerveau interprète ces signaux de la même manière que s'il s'agissait d'une ingestion d'alcool, ce qui peut vous donner l'impression d'avoir une gueule de bois au réveil.

Candida albicans rend l'intestin poreux, à tel point qu'au lieu que les résidus toxiques soient filtrés et éliminés naturellement, ils réintègrent la circulation sanguine et perturbent l'organisme. Ce champignon nocif favorise même l'accumulation et la propagation des métaux lourds, malgré son rôle supposé inverse. Il agit en tant que chef d'orchestre, nourrissant ses "soldats" et créant un environnement favorable aux tumeurs et aux cancers. En fin de compte, l'acidose s'installe, l'adversaire envahit le corps et l'esprit.

Le carburant principal des tumeurs est le sucre. Elles se nourrissent de sucre et croissent d'autant plus rapidement si elles en disposent en abondance. Consommer des aliments sucrés équivaut à nourrir le cancer. Les mitochondries au sein de nos cellules tirent également de l'énergie du sucre pour produire de l'ATP, nécessaire au fonctionnement du corps. Cependant, à la différence des tumeurs, les mitochondries peuvent également synthétiser de l'ATP en convertissant les lipides. Les tumeurs, elles, sont exclusivement dépendantes du sucre, et les graisses ne leur sont d'aucune utilité.

Il est inutile d'en dire plus pour expliquer comment réduire la taille d'une tumeur voire la faire disparaître. Associé à une approche holistique (ou psychosomatique), un régime cétogène pourrait constituer une stratégie efficace. La meilleure façon de lutter de manière durable contre cette problématique est de revoir votre alimentation en supprimant toutes les sources de sucre ainsi que la caséine (une protéine présente dans le lait), qui agit comme une colle, tout comme d'autres substances dont les noms commencent par "GLU" : colle, gluten...

Vous ressentirez rapidement les bienfaits de ce régime, mais vous pouvez encore améliorer ses effets en l'associant à une autre thérapie naturelle que j'ai découverte il y a environ un an et que j'ai testée à plusieurs reprises, sur moi-même et sur d'autres personnes. Parmi toutes les découvertes que j'ai faites, celle-ci est l'une des plus remarquables. Je ne mentionnerai pas l'individu à l'origine de cette thérapie, mais si vous êtes curieux à propos de ses travaux, je peux vous donner un indice : c'est un Américain très humble...

Il a découvert par pur hasard ce minéral miraculeux qu'il a nommé MMS (Solution Minérale Miracle) et en dévoile tous les détails dans ses livres, que j'ai personnellement dévorés. Je vais vous exposer brièvement sa découverte et partager mon expérience personnelle avec le MMS.

Tout a commencé lorsque je lisais un livre fascinant sur le nettoyage naturel du foie et de la vésicule biliaire. L'auteur y décrit une méthode prodigieuse pour éliminer les calculs biliaires et hépatiques sans recourir à la chirurgie. Dans un autre livre du même auteur, j'ai été particulièrement attiré par un passage consacré à l'hygiène dentaire, où il explique comment fabriquer et utiliser soi-même le

L'UPPERCUT DE MA DÉLIVRANCE

MMS mentionné précédemment pour le nettoyage dentaire. Ce passage renvoie aux travaux de l'Américain humble évoqué plus tôt. J'ai poussé mes recherches plus loin et me suis documenté sur cet auteur et ses travaux. J'ai acquis tous ses livres et les ai lus avec un grand intérêt. Bien que je fasse preuve de scepticisme car il faisait l'objet d'une campagne de désinformation et d'une interdiction de vente de sa formule pour le discréditer et entraver ses travaux, j'ai laissé mon instinct me guider et ai mis en pratique les enseignements de cet auteur, les expérimentant sur ma propre personne.

J'ai donc entrepris des recherches sur internet, et au tout début, j'ai réussi à commander son produit via un site australien. Le colis a mis presque un mois pour me parvenir. Le jour de la livraison, j'étais en déplacement à l'étranger, et mon épouse m'a informé que ma commande était arrivée. J'ai eu du mal à contenir mon impatience, car j'avais hâte de rentrer chez moi pour enfin tester le fameux MMS. Dans le colis, se trouvaient deux flacons : l'un contenait du chlorite de sodium à 22,4 % et l'autre de l'acide citrique à 50 %. Je me suis préparé une dose de trois gouttes (il est impératif de lire le protocole d'utilisation de cette formule avant de la mettre en pratique, car il est très important de savoir exactement ce que l'on fait et pourquoi on le fait). J'ai mis trois gouttes de chlorite de sodium dans un verre bien sec, ajouté trois gouttes d'acide citrique à 50 %, mélangé le tout, puis attendu soixante secondes, comme indiqué, pour permettre à la réaction chimique de se produire et de transformer le contenu transparent du verre en une solution jaune. Ensuite, j'ai ajouté de l'eau, mélangé à nouveau, et bu le contenu du verre. Jusqu'à présent, rien d'extraordinaire. De toute façon, je n'avais aucun problème de santé à traiter, car tout allait bien pour moi. J'ai augmenté le dosage d'une goutte supplémentaire chaque heure jusqu'à atteindre six gouttes de chlorite de sodium pour six gouttes d'acide citrique (qui sert d'activateur). J'ai ajouté de l'eau, et j'ai bu le mélange sans ressentir d'effet particulier. J'ai ensuite décidé de passer directement à quinze gouttes. Toujours rien !

L'UPPERCUT DE MA DÉLIVRANCE

Le lendemain, j'ai renouvelé l'expérience en commençant avec 17 gouttes. Cette fois-ci, j'ai commencé à ressentir des nausées tandis qu'un goût métallique persistant est resté dans ma gorge. Pris de fortes nausées, je me suis précipité aux toilettes. Ce que j'ai vu au fond de la cuvette m'a horrifié : des vers relativement longs étaient mélangés aux selles. Mon dégoût était aussi grand que mon soulagement à l'idée que ces choses étranges ne se trouvaient plus dans mon corps. Il est clair que c'est plus rassurant de les savoir à l'extérieur plutôt qu'à l'intérieur. J'ai décidé de cesser de prendre du MMS pendant ma période de détente en famille et d'attendre d'être à nouveau en déplacement pour reprendre mes expériences.

De retour à l'hôtel, j'ai déballé mes affaires. J'ai pris soin de ranger le MMS à l'abri de la lumière, de la chaleur et de l'humidité. J'ai décidé d'aller me coucher et de reporter la poursuite de mes expériences au lendemain. Je n'avais aucune raison de prendre du MMS, car je n'avais aucun problème de santé, mais je n'arrêtais pas de revoir dans ma tête les parasites que j'avais éliminés chez moi, et je me suis dit qu'il fallait que j'aille plus loin dans l'expérience. Je me demandais pourquoi les irrigations du colon n'avaient pas permis d'éliminer ces parasites. Après mûre réflexion, il m'est apparu que la raison la plus probable était qu'ils étaient toujours en vie et qu'ils ne pouvaient être expulsés que lorsqu'ils seraient morts.

La composition chimique du MMS est simple. Il est principalement constitué de dioxyde de chlore. Les globules rouges du sang transportent l'oxygène à travers le corps sans différencier l'oxygène (O2) et le dioxyde de chlore (CLO2). Lorsqu'on consomme la solution riche en dioxyde de chlore, celle-ci pénètre dans le sang, chargeant les globules rouges négativement. Pendant leur circulation dans l'organisme, lorsque ces globules rouges chargés en ions CLO2 rencontrent des parasites, des champignons ou des cellules malades partageant un pH bas et une charge ionique positive, ces éléments indésirables sont immédiatement attaqués et éliminés. Cela peut sembler incroyable, mais c'est la vérité pure. Lorsque vous ressentez des nausées, c'est le signe que votre organisme lutte contre les pathogènes et que ceux-ci sont expulsés par la voie sanguine.

Poussant encore plus loin mes expériences, je me suis mis à pratiquer de petites irrigations du colon avec du MMS mélangé à de l'eau dans une poche à lavement. J'ai effectué un premier essai avec un litre d'eau additionnée d'un peu de sel de Guérande, puis un deuxième avec un demi-litre d'eau auquel j'avais ajouté dix gouttes de MMS. En parallèle, j'avais préparé un verre de MMS dosé à six gouttes, que j'ai bu. L'irrigation a eu un effet surprenant. Environ 40 minutes plus tard, mon corps a évacué une quantité impressionnante de parasites similaires à ceux de la première fois. J'étais stupéfait et j'ai même pris des photos, car j'avais du mal à croire ce que je voyais. Après une douche, je me suis assis dans un fauteuil. Soudain, j'ai ressenti un fort besoin de retourner aux toilettes, et je m'y suis précipité.

C'est ainsi que j'ai fait la connaissance du fameux Candida albicans. J'en ai même pris des photos, tellement j'étais choqué et soulagé à la fois. Il correspondait exactement à la description, de couleur blanchâtre, d'où le qualificatif "albicans" signifiant blanc, et avec l'apparence du muguet. La cuvette des toilettes était remplie, et j'ai eu du mal à actionner la chasse d'eau. J'étais là, observant cet ennemi, fier de l'avoir éliminé de mon corps. Je savais que ce n'était que le début et qu'il me faudrait continuer pour éradiquer un envahisseur installé en moi depuis de nombreuses années. Je ressentais au plus profond de moi qu'il en était conscient et qu'il ne se laisserait pas faire. Et c'est exactement ce qu'il a fait.

J'ai persisté dans cette approche en modifiant ma méthode. J'ai régulièrement pratiqué ces mini-irrigations au MMS tout en vaporisant les zones du corps concernées, notamment la région génitale. Un vieux problème est réapparu : les hémorroïdes !

L'UPPERCUT DE MA DÉLIVRANCE

Candida albicans irritait cette partie de mon anatomie et provoquait d'intenses douleurs. De plus, ma peau pelait dans toute la région génitale, comme si cet intrus indésirable s'éliminait également par la peau, un important émonctoire. En plus de tout cela, j'ai ressenti de fortes envies de manger des aliments sucrés. J'ai alors affiné mon approche pour contrer tous ces effets indésirables en suivant une technique recommandée par l'inventeur du produit : préparer une dose de 25 gouttes (qui me convenait personnellement, mais en général, il faut commencer avec un dosage faible puis augmenter graduellement), la mélanger dans une bouteille avec un litre d'eau ou de jus de pomme sans vitamine C ajoutée, et boire un verre de cette solution toutes les heures en divisant le contenu de la bouteille en cinq prises.

Cela m'a rapidement écœuré, et je supportais mal l'odeur du chlore, même si j'éliminais encore des pathogènes. J'avais également modifié mon alimentation en évitant les aliments contenant de la vitamine C, car celle-ci annule l'effet du MMS, étant son antidote. Je l'avais donc éliminée de mon régime alimentaire. Je dois également préciser que je ressentais du dégoût au moment des repas et que je ne parvenais plus à apprécier ce que je mangeais.

J'ai alors décidé de créer ma propre technique sur mesure, et dès que je l'ai adoptée, j'ai commencé à reprendre le contrôle. Ma méthode consiste à prendre la dose initiale de MMS vers 18 heures, et ensuite quatre autres doses toutes les heures jusqu'à 22 heures, avec six gouttes à chaque fois. Ces cinq prises totalisent trente gouttes et s'étalent ainsi jusqu'au moment du coucher. Pendant le week-end, je faisais un mini lavement. J'ai suivi cette méthode quotidiennement pendant une semaine.

J'utilise également le MMS comme substitut du dentifrice, un rôle qu'il remplit très avantageusement. Depuis que j'ai commencé à l'utiliser de cette manière, je l'applique régulièrement pour prendre soin de mes dents, de mes gencives et même de ma bouche dans son ensemble. Voici comment vous devriez procéder pour le brossage de vos dents :

Préparez une dose de MMS en mélangeant dix gouttes de chlorite de sodium avec la quantité correspondante d'activateur (par exemple, dix gouttes d'acide citrique à 50 %), le tout dilué dans un peu d'eau. Commencez par des gargarismes, en veillant à bien répartir le mélange dans toute votre bouche. Pendant ce temps, laissez tremper votre brosse à dents dans le verre pour qu'elle s'imprègne bien du MMS. Ensuite, brossez-vous les dents et les gencives en trempant régulièrement votre brosse dans le MMS. À la fin, effectuez un dernier bain de bouche avec le liquide restant.

Vous pouvez suivre cette méthode deux fois par semaine si vous n'avez pas de problèmes bucco-dentaires. Cependant, en cas d'abcès ou de maux de dents, n'hésitez pas à utiliser le MMS comme indiqué ci-dessus plusieurs fois dans la journée, en faisant attention à ne pas l'avaler. Vous constaterez que vous obtiendrez un soulagement rapide et efficace !

Il existe deux types de MMS que je vais simplement appeler MMS1 et MMS2. Le premier est le MMS basique, composé de chlorite de sodium activé (l'activateur peut être de l'acide citrique, du jus de citron ou encore du vinaigre). C'est à celui-ci que je faisais référence jusqu'à présent. Le MMS2, en revanche, est une formule modifiée récemment développée. Le MMS2 est souvent utilisé en complément du MMS1, amplifiant ainsi son action et ses effets.

C'est un cocktail redoutable contre de nombreuses maladies, y compris le cancer. Il agit en renforçant le système immunitaire et en améliorant ses performances. Ce produit a la capacité d'éliminer divers virus, bactéries, parasites et autres agents pathogènes. Je reste persuadé que les lobbies de l'industrie agro-alimentaire et pharmaceutique en sont conscients, c'est pourquoi ils tentent d'entraver son utilisation et sa commercialisation libre. Les premiers nous transmettent la maladie en nous vendant une nourriture altérée, tandis que les seconds essaient de nous fourguer des médicaments prétendument remèdes. Cependant, dans les deux cas, leur intérêt est purement financier.

Rien ne peut nous guérir à part notre système immunitaire, c'est-à-dire nous-mêmes. Pour renforcer davantage notre immunité et l'aider à reprendre son rôle guérisseur, il faut lui fournir les moyens nécessaires. Tout ce que vous avez à faire, c'est tester par vous-même et tirer vos propres conclusions. Soyez persévérant dans vos efforts pour trouver ce qui vous convient le mieux, et vous serez récompensé. Maintenant, vous savez comment vous alimenter pour éviter de favoriser la croissance de Candida albicans. Vous comprenez que certaines personnes se sentent souvent mal à l'aise dans leur corps, comme si elles étaient habitées. Cela est dû à ce parasite bien réel qui a élu domicile en elles. Ce sont les victimes de cette levure qui prolifère en profitant de la surconsommation entretenue par l'industrie agro-alimentaire.

Je souhaite maintenant aborder d'autres sujets liés à l'alimentation. La malbouffe est au cœur de graves problèmes de santé, représentant un fléau redoutable contre lequel il est essentiel de se protéger afin de prévenir maladies et souffrances qui touchent tant de personnes à notre époque. J'ai déjà évoqué le sucre en tant qu'ennemi à apprendre à maîtriser, et je vais désormais vous expliquer comment considérer le sel comme un allié précieux à apprivoiser.

Nous avons été avertis de nous méfier du sel, considéré comme une menace pour notre santé. On l'accuse de causer des déséquilibres dans le corps, notamment la rétention d'eau et l'hypertension artérielle, entraînant ainsi une surcharge de travail pour le cœur et pouvant mener à des complications cardiovasculaires. Bien que cela puisse sembler logique, cette explication est incomplète. On ne nous dit qu'une partie de la vérité, ce qui biaise la compréhension globale, car ce qui est omis fait toute la différence.

Je vais essayer de vous exposer ma perspective de la réalité, même si je ne suis pas un spécialiste en la matière et que je n'ai pas de diplômes. Il est vrai que l'éducation formelle offre un ensemble de connaissances validées par des diplômes à la fin du parcours académique. Cependant, en tant que profane autodidacte, je crois posséder un certain savoir, acquis à la source de la connaissance qui est accessible à tous. La vie est la plus grande école, et malgré l'absence de titres prestigieux, l'expérience confirme l'acquisition de compétences.

Le sodium (le sel) génère de l'acide chlorhydrique dans l'estomac et peut effectivement contribuer, comme mentionné précédemment, à la fatigue du cœur et à des complications. Mais de quel sel parlons-nous ? Qu'en est-il du bon sel ? De plus, il est important de savoir que les artères sont soutenues par la vitamine C, et qu'un déficit de cette précieuse vitamine pousse le corps à trouver des solutions de substitution. Comme je l'ai déjà expliqué, votre corps se battra jusqu'au bout pour vous maintenir en vie le plus longtemps possible, et dans ce cas précis, il demandera au foie de produire du cholestérol afin de réparer les fissures qui menacent vos artères. Le cholestérol agit alors comme un ciment qui colmate ces brèches, mais à force de s'accumuler sur les parois, il finit par obstruer les artères, pouvant conduire à une crise cardiaque ou à un accident vasculaire cérébral. Une chaîne complexe de causes, d'alertes et de conséquences ! Nous vivons à une époque où la vitamine C se raréfie. Des maladies anciennes, que l'on croyait pourtant éradiquées, refont surface : goutte, syphilis, tuberculose, scorbut...

Saviez-vous, cher lecteur, que les oranges d'aujourd'hui contiennent jusqu'à cinquante fois moins de vitamine C que celles consommées au milieu du XXe siècle ? L'industrialisation et l'agriculture intensive en sont les raisons. Il est pertinent de noter que les animaux sauvages ne tombent jamais malades, car ils absorbent parfaitement la vitamine C qu'ils trouvent dans leur environnement naturel. Cela diffère des animaux domestiques auxquels nous donnons de la nourriture industrielle.

Le sel de table commercial n'est pas celui que nous devrions consommer. Laissez-moi vous conter une histoire (véridique) qui illustre comment la consommation de sel peut favoriser ou sérieusement altérer la santé. Jusqu'au siècle dernier, en Suisse, dans les régions montagneuses, vivait une communauté surnommée "les crétins des Alpes". Les membres de cette communauté étaient de petite taille et partageaient un goitre important, en plus de troubles mentaux légers, d'où leur nom. Étant éloignés de la mer, leur seule source de sel provenait du sol. Il a fallu attendre le début des années 1920 pour établir un lien entre leur apparence et leurs troubles mentaux. La cause était tout simplement un manque chronique d'iode. Le gouvernement suisse a alors pris une mesure radicale en enrichissant le sel de table en iode pour mettre fin à ce problème.

À cette époque, il était déjà connu que le manque d'iode avait des effets néfastes sur la santé, avec des symptômes et des conséquences bien documentés. Les boulangers ajoutaient systématiquement de l'iode à leurs farines. Cependant, au début des années 1980, une étude financée par des lobbies agro-alimentaires et pharmaceutiques a déclaré que l'iode était préjudiciable à la santé. Les autorités sanitaires ont alors remplacé l'iode par un autre halogène, le bromate de potassium, pour complémenter les farines.

Le choix du brome n'a pas été fait au hasard. Si vous examinez le tableau périodique de Mendeleïev, vous verrez que les halogènes occupent la case 17, la famille comprenant le fluor, le chlore, le brome et l'iode. Cela signifie que votre corps ne les différencie pas entre eux, et si vous donnez du brome à votre organisme, il le prendra pour de l'iode. Le problème est que le chlore, le fluor et le brome sont nuisibles pour votre santé, tout comme une carence en iode.

L'idée de substituer le brome à l'iode me semble doublement manipulatrice : cela rend les gens "crétins" et les rend malades par-dessus le marché. Une étude menée dans les pays nordiques a révélé que le QI (quotient intellectuel) des nouvelles générations a déjà diminué de 10 %, et cette dégradation se poursuit. Si les jeunes d'aujourd'hui sont ce qu'ils sont, c'est en grande partie parce qu'ils sont manipulés en tant que victimes, devenant des consommateurs avides et dociles. Les halogènes sont omniprésents dans nos aliments, y compris dans l'eau que nous buvons, les dentifrices que nous utilisons, ainsi que nos vêtements et chaussures.

Le sel de table industriel, fabriqué à partir de sel de terre raffiné et artificiellement "enrichi" en iode de synthèse, est un ingrédient omniprésent dans la plupart de nos aliments. Que ce soit à la maison ou au restaurant, la salière trône sur la table. Et dans les plats préparés industriellement, ces sels sont incorporés sans que vous en ayez conscience.

Le vrai sel se trouve dans la mer. Apprenez à consommer du bon sel marin et votre thyroïde vous en sera reconnaissante. Vous vous sentirez mieux, vos capacités mentales s'amélioreront et surtout, vous optimiserez votre santé. Il est important de noter qu'un déficit en iode est souvent associé à des cancers tels que le sein, l'ovaire, la prostate et bien sûr la thyroïde.

La glande thyroïde est un élément essentiel de votre santé. Pour produire les hormones thyroïdiennes, cette glande a besoin d'oligoéléments, en particulier d'iode, ainsi que d'une petite quantité de sélénium et de zinc. Elle agit comme un réservoir d'iode, crucial pour la production de diverses hormones, notamment la T4, qui est la pro-hormone de la T3. Cette dernière est nécessaire pour maintenir l'homéostasie corporelle, c'est-à-dire l'équilibre interne de l'organisme.

Comme vous l'avez compris, le sel est un minéral d'une importance capitale. Mais il n'est pas le seul. Trois autres minéraux jouent un rôle tout aussi crucial : le calcium, le soufre et le manganèse. Ces trois éléments se démarquent parmi les 25 minéraux constitutifs du corps humain, agissant comme le carburant essentiel du moteur de la vie.

Le calcium : élément alcalin

On vous fait croire que le calcium renforce exclusivement vos os et vos dents. Cependant, je vous assure que cette idée est simpliste, car ce minéral a un rôle bien plus vaste et crucial que ce qu'on vous laisse penser. Il est important de comprendre que le calcium n'est pas simplement fixé, mais stocké au niveau du squelette. Votre ossature emmagasine ce précieux élément alcalin, ainsi que d'autres minéraux importants.

Le calcium joue un rôle essentiel dans la nourriture des tissus blancs du corps, y compris le cerveau, le blanc de l'œil, les cordes vocales, les ovaires et les testicules, le pancréas, les glandes surrénales, la thyroïde (qui régule les niveaux de calcium), le placenta chez les femmes enceintes et la myéline des nerfs grâce aux cellules gliales. Les systèmes nerveux et endocrinien dépendent tous deux du calcium, car il permet aux cellules de fonctionner correctement. Ce minéral de couleur grise (contrairement à la croyance populaire selon laquelle il serait blanc laiteux) contribue également à l'oxygénation du cerveau, avec près de 60 % des cellules cérébrales nécessitant du calcium pour leur fonctionnement.

Contrairement à la viande, qui en est moins pourvue car la majeure partie du calcium se trouve dans les os, les végétaux sont une bonne source de calcium. En ce qui concerne le lait de vache, souvent considéré comme une source majeure de calcium, il ne convient pas à votre organisme dans cette ère d'industrialisation excessive. Le lait de vache est trop riche en graisses et en calcium. En réalité, les vaches produisent du lait altéré et en quantité excessive en raison du stress causé par la séparation de leurs petits. Ce lait altéré n'est même plus adapté au veau et encore moins au nourrisson humain, dont la croissance diffère considérablement de celle du veau. Le lait de vache a le potentiel de calcifier vos os. Vous pourriez ne pas le savoir, mais vous consommez davantage de calcaire que de calcium (j'examinerai plus en profondeur la question du lait dans un prochain chapitre).

Le calcium est naturellement présent dans les végétaux, et les vaches se nourrissent naturellement d'herbe tout en produisant du lait. Cependant, les installations modernes où les vaches sont élevées n'ont rien à voir avec les verts pâturages où elles paissaient autrefois. Plus tard, je vous expliquerai une méthode radicale pour restaurer vos réserves de calcium. Mais pour l'instant, examinons le rôle du soufre et du manganèse.

Le soufre : élément acide

Le soufre, bien qu'on en parle peu, est en réalité un minéral essentiel au bon fonctionnement des tissus sanguins. Il est important de comprendre que le soufre est un facteur crucial dans de nombreux processus biologiques. Saviez-vous qu'il y a plus de soufre que de fer dans le sang ? De plus, le soufre est stocké dans les os, ce qui en fait un élément essentiel pour l'ensemble du squelette, établissant ainsi un partenariat indissociable.

Le soufre joue un rôle vital en apportant l'oxygène nécessaire à tous les tissus rouges du corps. Il joue également un rôle dans la formation de l'albumine, une protéine qui transporte les éléments vitaux et maintient l'hydratation de l'organisme. Le soufre agit en tant que régulateur pour la peau et le foie, et maintient un niveau optimal de métaux alcalins. Il contribue à rééquilibrer le taux de sodium et de calcium dans les reins et la rate. De manière similaire à son rôle sur la peau, le soufre régule les poumons et l'appareil digestif (qui peuvent être considérés comme une "peau" inversée), rétablissant ainsi l'équilibre acido-basique. Le soufre est également un acteur majeur dans la production de mucus. En interagissant avec le calcium, il influence les muscles, les tendons et les articulations.

Il est également intéressant de noter que le soufre joue un rôle au moment même de la conception d'un enfant et persiste dans le corps de la mère pendant toute la grossesse. Lorsqu'une femme enceinte perd les eaux et donne naissance à son enfant, l'odeur de soufre est souvent perceptible, car le liquide amniotique et le placenta contiennent du soufre. Cette odeur caractéristique ne trompe pas. Tout au long de son développement intra-utérin, l'enfant tire du calcium et du soufre des réserves de sa mère pour soutenir sa croissance. À terme, l'enfant envoie un signal chimique indiquant au bassin de commencer à s'ouvrir, ce qui déclenche le processus de l'accouchement.

Le soufre est donc un élément déclencheur de l'accouchement. Vous pouvez comprendre qu'une femme enceinte qui consommerait du soufre risque de provoquer prématurément l'accouchement, mettant potentiellement en danger la vie de l'enfant. Si, pour une autre raison, l'enfant venait à naître avant que le corps n'ait pu envoyer ce signal naturel, l'enfant pourrait présenter des séquelles sur sa santé future, plus ou moins graves.

Le soufre, associé au calcium, est indispensable au bon fonctionnement du corps humain. Tous deux stockés dans les os, ils approvisionnent les cellules du corps en fonction de leurs besoins spécifiques. De nombreuses eaux thermales contiennent à la fois du soufre et du calcium, d'où les bienfaits qu'elles procurent.

Le manganèse

Le manganèse est également un minéral d'importance vitale pour l'organisme. Bien que nécessitant des quantités infinitésimales, il doit être constamment disponible pour le bon fonctionnement du corps. Tout comme le calcium et le soufre, il est stocké dans les os et peut être utilisé par l'organisme en fonction de ses besoins, notamment pour maintenir ou rétablir l'équilibre acido-basique. On trouve le manganèse dans divers végétaux, en particulier dans les petits pois qui en sont riches. Son rôle principal est de fournir de l'énergie aux glandes surrénales.

Permettez-moi de vous expliquer brièvement le processus :

– Un fort sentiment dans votre esprit génère une émotion intense.

– Votre cerveau envoie un message chimique aux glandes surrénales, qui régulent vos émotions.

– Les glandes surrénales produisent de l'adrénaline et du cortisol en réponse à cette émotion.

– Pour effectuer ce travail, les glandes surrénales ont besoin de manganèse et puisent dans vos réserves osseuses.

– Les os fournissent également du calcium et du soufre pour rééquilibrer le corps.

Cela épuise vos réserves osseuses de calcium, de soufre et de manganèse.

– Le calcium et le soufre nourrissent vos tissus blancs, tandis que le manganèse nourrit vos glandes surrénales.

Répéter ces actions en générant des émotions et en négligeant de maintenir les réserves osseuses en minéraux essentiels contribue au processus de vieillissement. Ce déséquilibre peut entraîner divers symptômes tels qu'une altération cognitive, une diminution de la vue, une audition affaiblie, des troubles articulatoires et bien d'autres problèmes affectant les organes dépendant de ces trois minéraux.

Le trio calcium-soufre-manganèse est crucial pour une bonne santé. Pour prévenir les carences en ces minéraux, il n'est pas nécessaire de prendre des compléments. Une alimentation équilibrée, riche en aliments naturels non transformés tels que les fruits frais, les fruits secs, les noix, les légumes crus ou peu cuits, les légumineuses et les céréales complètes, répondra largement à vos besoins. Un régime à base de végétaux assure un apport adéquat en ces trois minéraux essentiels, favorisant l'homéostasie dans tout le corps. Cela peut sembler complexe mais en réalité, c'est aussi simple que de bien s'alimenter.

Manger des végétaux est excellent pour la santé, cependant, je vais vous présenter une méthode plus rapide et radicale pour atteindre le même objectif. Peu de gens savent que nous respirons davantage par la peau que par les poumons. La peau n'est pas seulement un organe d'élimination, mais aussi d'absorption. Elle absorbe uniquement ce dont elle a besoin, ni plus ni moins.

Par exemple, si vous frottez un morceau de cyanure brut sur votre peau (en l'absence de plaies), cela ne vous nuira pas, car votre peau n'absorbera pas ce poison. Cependant, si vous avalez ne serait-ce qu'une minuscule quantité de ce produit, vous pourriez en mourir.

Il existe un moyen simple de compléter judicieusement vos apports en ces deux minéraux précieux sans dépendre uniquement de l'alimentation. Il s'agit du plâtre, un produit naturel riche en soufre et en calcium. Je vais vous expliquer comment l'utiliser pour reconstituer vos réserves de soufre et de calcium dans vos os.

Tout d'abord, placez sous votre langue un ou deux grains de gros sel marin (ou une petite pincée s'il est en poudre) et laissez-le fondre doucement avant de l'avaler. Buvez ensuite quelques gorgées d'eau pour titiller vos cordes vocales, sollicitant ainsi votre glande thyroïde, qui régule le calcium. Après cela, plongez vos pieds dans une bassine où vous aurez préparé un mélange d'eau et de plâtre, à raison de six à dix litres d'eau pour une bonne poignée de plâtre. Le liquide obtenu doit avoir une apparence laiteuse. Prenez un bain de pieds pendant 15 à 20 minutes, le temps nécessaire à votre peau pour absorber le calcium et le soufre dont votre corps a besoin. Vous constaterez au fil des jours les bienfaits de cette thérapie facile à appliquer à la maison. Personnellement, j'utilise du plâtre de Paris de haute qualité. Je ne me contente pas seulement de tremper mes pieds dans une bassine, mais je prends des bains en plongeant tout mon corps dans l'eau plâtrée, procurant ainsi une sensation totale de bien-être et de relaxation.

Passons maintenant à ce que vous devriez et ne devriez pas manger. Avant tout, faites la distinction entre la nourriture et les nutriments. La nourriture peut contenir des nutriments, tout comme elle peut en être dépourvue. La nourriture sans nutriments ne fait que rassasier et remplir votre estomac. Les nutriments, en revanche, nourrissent vos cellules, organes et muscles, l'ensemble de votre organisme. Les vitamines et sels minéraux dont vous avez besoin se trouvent principalement dans les nutriments, dont la majorité provient de la terre. Je parle ici des végétaux, mais d'autres produits sont également concernés.

Notez également que toute cuisson ou chauffage (et particulièrement le réchauffage) à une température supérieure à 45°C entraîne la destruction de toutes les enzymes. Au-delà de 100°C, la plupart des sels minéraux et des vitamines sont également détruits. Cela ne signifie pas que vous devriez consommer exclusivement des aliments crus, car certains légumes sont difficiles à manger crus, comme la pomme de terre ou la courgette. Mon propos n'est pas de promouvoir le véganisme ou le végétarisme, auxquels je ne suis d'ailleurs pas adepte. En réalité, je pense qu'il ne faut pas se restreindre excessivement en matière d'alimentation, car cela négligerait le plaisir, qui est un aspect crucial. Manger doit être à la fois agréable et bénéfique pour la santé.

Il est important que tous nos sens participent à l'acte de manger. En cuisinant, on choisit les produits en fonction de leur apparence, on les touche, on les hume et enfin, on les apprécie par le goût. Lorsque l'on mange, tous nos sens sont sollicités, préparant ainsi le terrain en amont. Des réactions chimiques se produisent même avant que la nourriture atteigne la bouche : la simple idée de manger peut vous faire saliver par envie ou faim. Ces émotions harmonisent votre repas et en amplifient les bienfaits. Une simple odeur peut être enivrante et provoquer la salivation.

Avant d'apprendre à bien manger, il est essentiel d'y prendre plaisir en se laissant emporter, car chaque saveur offre une évasion et un voyage sensoriel. Le plaisir est tout aussi important que les nutriments. Vous savez qu'il y a davantage de nutriments dans les aliments crus que dans les cuits. Ainsi, délectez-vous de salades composées de légumes et de fruits crus. Envisagez d'acquérir un extracteur de jus pour préparer une variété de jus de légumes et de fruits. Un extracteur de jus est plus efficace qu'une centrifugeuse car il tourne à environ 80 tours par minute, préservant ainsi les nutriments en évitant la chaleur. Par ailleurs, un blender vous permettra de concocter des smoothies délicieux et riches en vitamines, minéraux et oligo-éléments.

Mangez également des aliments cuits, en privilégiant la cuisson à la vapeur. Bannissez de votre alimentation tous les produits industriels ainsi que les sucres raffinés, et évitez également les pseudo-sucres, communément appelés édulcorants. Soyez vigilant envers les fausses céréales riches en gluten chimique et évitez les substituts de sel et les boissons commerciales, y compris les eaux minérales. Optez plutôt pour de l'eau de source et confectionnez vos propres jus à la maison.

Intégrez de bons œufs et de la viande de qualité à votre alimentation, mais sans excès. Trois fois par semaine, voire moins, suffisent. Optez pour une variété, par exemple du bœuf ou une autre viande rouge, du poulet ou une autre viande blanche, ainsi que du poisson de temps en temps.

Bien manger est simple, sans secret caché. La qualité des aliments est importante, mais la quantité l'est tout autant. Divisez votre estomac en trois parties : un tiers pour l'air, un tiers pour l'eau et un tiers pour la nourriture. Mangez de manière modérée et ne ressentez pas le besoin d'être rassasié avant de quitter la table. Au contraire, terminez votre repas avec une légère sensation de faim.

Concernant les moments idéaux pour se nourrir, en dehors d'une activité physique intense, voici quand et quoi manger. Le matin, après un jeûne nocturne, prenez un petit-déjeuner léger pour amorcer votre journée en douceur. À midi, au moment du déjeuner, la bile est à son apogée dans le système digestif, favorisant ainsi la digestion des graisses et des protéines. Profitez de cette période pour consommer de bonnes graisses et protéines. N'oubliez pas que les glucides provenant des végétaux sont également une source de carburant importante. Le soir, optez pour une alimentation plus légère, car votre corps se prépare à se reposer. Évitez les produits gras et les protéines animales, y compris les produits laitiers. Privilégiez une soupe ou une salade légère. Les bons gras peuvent être une alternative aux sucres. Personnellement, j'affectionne l'huile de chanvre et d'olive, que j'incorpore dans presque tous mes plats. Dans ma tisane du soir, j'ajoute toujours une cuillère d'huile de coco.

Je ne suis pas un grand consommateur de viande, principalement par instinct. Mon corps semble me dicter de ne pas en abuser. Cependant, j'apprécie les œufs, en quantité raisonnable bien sûr. Ils constituent ma principale source rapide de protéines, en plus des végétaux riches en protéines. De temps en temps, je me permets une pâtisserie ou un fromage que j'apprécie, mais je ne m'en préoccupe pas outre mesure étant donné que je suis actif et sportif. Le prochain chapitre sera dédié au sport.

Bien manger implique parfois… de ne pas manger du tout ! Il n'y a ni contradiction ni paradoxe ici. Je souligne les vertus du jeûne, un allié sous-estimé pour la santé. Abstenez-vous de manger à certaines occasions, tout en consommant de l'eau. Cela mettra votre appareil digestif au repos, bénéfique pour votre corps et sa capacité à s'autorégénérer.

Les bienfaits thérapeutiques du jeûne hydrique sont avérés. Je l'ai pratiqué pendant longtemps et au fil du temps, je suis devenu un fervent adepte du jeûne. Celui-ci ne signifie plus privation ou frustration pour moi, mais plutôt une cure bénéfique pour le corps et l'esprit. Il n'est pas étonnant que de nombreuses religions, doctrines, penseurs et philosophes prêchent le jeûne depuis des siècles.

J'avais déjà pratiqué le jeûne du ramadan, mais quand j'ai commencé à pratiquer le jeûne hydrique, j'ai vécu une expérience totalement différente. Ma première expérience a eu lieu en mars 2016. Je travaillais à l'étranger, et nos bureaux étaient éloignés du chantier de construction. Il fallait marcher près d'un kilomètre et demi pour atteindre le site. J'ai osé me lancer dans un jeûne hydrique de dix jours consécutifs. Les premiers jours se sont déroulés sans encombre, je n'ai rien ressenti de particulier. Le jour suivant, tout allait bien également, mais le soir, j'ai été pris d'un violent mal de tête. À l'époque, je ne le savais pas encore, mais j'avais vécu ma première crise d'acidose.

Permettez-moi de vous expliquer ce qu'est une crise d'acidose. Lorsque vous vous abstenez de manger pendant un certain temps, votre corps commence à puiser dans ses réserves et à s'auto-nourrir. Pendant les deux ou trois premiers jours, il utilise le glycogène stocké dans le foie, une forme de sucre. Il dispose également de réserves de sucre supplémentaires dans les muscles. Une fois ces réserves épuisées, généralement au bout de deux à trois jours, le corps commence à se nourrir de ce qu'il contient de moins vital et de dommageable.

En effet, il a pour priorité de se nourrir en premier lieu de ce qui n'est pas essentiel à sa survie. Il entre dans un processus d'autophagie, se nourrissant de ce que vous pourriez considérer comme vos "ennemis internes". Cependant, cela ne conduit pas à votre destruction ; au contraire, il remplace les cellules défectueuses ou endommagées par de nouvelles cellules saines et fonctionnelles. Les anciennes cellules, défaillantes ou malades, sont éliminées par le sang et évacuées naturellement par les voies urinaires. Comme le système sanguin parcourt tout le corps, le sang chargé des déchets en cours d'élimination peut circuler dans le cerveau à un moment donné, provoquant des maux de tête plus ou moins intenses. Il est alors facile de penser que tout rentrera dans l'ordre si l'on mange.

Cependant, j'étais bien déterminé à ne pas céder à la tentation de manger à ce stade. Je savais qu'il était crucial de continuer mon jeûne. Je me suis allongé et j'ai enduré la douleur. J'ai passé une nuit agitée et tumultueuse. La troisième journée a également été longue et difficile, mais j'ai résisté aux maux de tête et à ce qui semblait être de la faim. De retour à l'hôtel, j'étais soulagé de me coucher, mais encore une fois, la nuit a été perturbée.

Le jour suivant, alors que je marchais comme d'habitude le long du chemin sablonneux menant au chantier, j'ai ressenti soudainement une sensation de légèreté accrue. Bien que je parcourais ce chemin depuis plus d'un mois, j'avais soudain l'impression d'être observé. J'ai tourné mon regard et ai aperçu un olivier qui était toujours là, mais que je venais juste de remarquer. J'avais l'étrange impression que l'arbre me fixait. Je ne peux pas vraiment expliquer cette sensation, mais j'avais l'impression que l'olivier me regardait et communiquait avec moi. C'était une sensation étrange mais agréable

; je me suis retrouvé à contempler l'arbre, le trouvant beau, tout en ressentant toute la vie émanant de lui.

J'ai continué mon jeûne, et cette nouvelle sensation s'est intensifiée au fil des jours. Je me sentais de plus en plus léger, tout en ayant une conscience accrue de mon propre corps. Quelque chose de nouveau s'était produit en moi. C'était intimidant au début, mais ma détermination m'a poussé à persévérer. J'ai vraiment ressenti un nettoyage, à la fois intérieur et extérieur. Après dix jours, j'ai décidé de mettre fin à mon jeûne, mais je l'ai souvent renouvelé par la suite.

Il est important de noter que pendant ce jeûne (ainsi que les suivants), j'ai continué à faire beaucoup d'exercice, mais je ne me sentais pas fatigué pour autant. Le jeûne est extraordinaire, il nourrit votre corps de l'intérieur en éliminant les déchets et les tissus défectueux. Si vous souhaitez en savoir plus sur le jeûne, je vous recommanderais sans le nommer un auteur américain né en 1895, qui a écrit un livre essentiel sur le sujet.

Je pourrais continuer à discuter de la nutrition, mais l'essentiel a été abordé, et je crois que vous avez maintenant toutes les informations et conseils nécessaires pour trouver un équilibre alimentaire optimal, favorisant votre bien-être et votre santé. Avant de conclure ce chapitre, j'aimerais partager l'histoire d'une jeune fille que j'ai aidée à se sentir bien mieux en la guidant et en lui faisant mettre en pratique la plupart des concepts abordés dans ce livre. J'ai notamment conçu pour elle une cure spéciale très efficace pour détoxifier son organisme.

Lorsque je l'ai rencontrée en mars 2018, j'étais en voyage d'affaires à l'étranger, logé dans un grand hôtel de la capitale, célèbre et prisé tant par les touristes que par les habitués qui profitaient du spa et de la salle de sport de l'établissement.

L'UPPERCUT DE MA DÉLIVRANCE

Dans cette salle de sport que je fréquentais depuis 2009, je m'étais lié d'amitié avec plusieurs personnes, dont les parents de cette jeune fille. En 2018, lors d'un nouveau déplacement professionnel dans la région, j'ai eu le plaisir de les revoir. C'était un couple chaleureux à qui je donnais souvent des conseils sur le sport et la nutrition. Malgré ma jeunesse par rapport à eux, nous avions tissé des liens amicaux, et ils étaient tout aussi heureux que moi de ces retrouvailles. Alors que nous discutions, j'ai remarqué dans leur voix quelque chose de troublant. Je leur ai demandé s'il y avait un problème, et c'est à ce moment-là qu'ils m'ont parlé de leur fille, qui avait été plongée dans un coma pendant trois mois et qu'ils avaient presque perdue.

Le père parlait d'une voix tremblante, les larmes aux yeux, et la mère était également visiblement émue. Ils avaient le cœur serré par l'émotion. Ils m'ont expliqué qu'ils avaient consulté en vain les meilleurs spécialistes de la psychologie de la capitale pour aider leur fille. Désespérés et ne sachant plus vers qui se tourner, ils m'ont naturellement demandé si je pouvais aider leur fille. Bien qu'elle s'entraînait parfois avec eux à la salle de sport, je ne lui avais jamais parlé personnellement. Je l'avais seulement aperçue à leurs côtés pendant leurs séances d'entraînement en famille.

Sans connaître Sandrine personnellement, j'ai accepté la demande de ses parents. Le désespoir dans leurs yeux était un appel à l'aide auquel je ne pouvais pas rester indifférent. J'ai fixé un rendez-vous avec Sandrine (le prénom réel est légèrement différent) pour le lendemain, à la salle de sport. Elle est venue accompagnée de son frère, que je connaissais un peu et à qui j'avais déjà donné des conseils à sa demande. Sandrine, âgée de 29 ans, avait une silhouette généreuse et riait beaucoup. À première vue, elle semblait très joyeuse. Elle était réservée dans ses paroles, et je pense que j'imposais un peu. Je les ai fait faire à elle et son frère une courte séance d'exercices physiques, pendant laquelle j'ai expliqué les bases de la respiration et de la récupération. À la fin de la séance, malgré mes explications, ils étaient tous les deux épuisés. J'ai entamé une conversation avec Sandrine pour faire connaissance, en abordant divers sujets. Peu à peu, j'ai dirigé la conversation de manière à ce qu'elle se confie à moi. En l'espace de trente minutes seulement, elle m'a révélé la source de ses souffrances. À ce moment-là, elle a ressenti un immense soulagement, comme si un poids avait été levé, m'a-t-elle dit.

Le lendemain, j'ai partagé mes conclusions avec ses parents. Je leur ai expliqué que tous deux étaient en partie responsables des problèmes de leur fille, mais que le père portait un fardeau plus lourd. Par respect pour la confidentialité, je ne peux pas vous en dire davantage sur les détails de l'origine des problèmes qui avaient secoué cette famille. Cependant, je peux vous expliquer comment j'ai aidé Sandrine à surmonter sa situation. Cela vous permettra de comprendre l'importance cruciale de la nutrition en matière de santé.

Sandrine s'est engagée à suivre mes conseils pendant une période de huit semaines. Je lui avais assuré qu'elle ferait d'énormes progrès d'ici là. Bien sûr, j'ai dû aider à résoudre les problèmes familiaux profonds qui avaient pris racine et encourager chaque membre de la famille à reconnaître sa part de responsabilité. L'aspect psychologique n'a pas été négligé. J'ai enseigné à Sandrine les techniques de méditation et de gestion du stress, car elle était particulièrement tendue lors de nos séances de sport en raison de son asthme.

Je vais vous expliquer en détail le programme que je lui ai imposé. Cela l'a non seulement impressionnée, mais l'a aussi terrifiée dans un premier temps. Cependant, je l'ai rassurée en lui disant que je serais à ses côtés pour commencer. Voici le déroulement du programme :

L'UPPERCUT DE MA DÉLIVRANCE

– Semaine 1 : Du lundi au dimanche, on ne consomme que des fruits et légumes de saison, accompagnés d'eau.

– Semaine 2 : Jeûne hydrique le lundi (un seul jour) et le reste de la semaine, on ne mange que des fruits, légumes et boit de l'eau.

– Semaine 3 : Jeûne hydrique le lundi et le mardi (deux jours), puis fruits, légumes et eau les autres jours.

– Semaine 4 : Jeûne hydrique le lundi, le mardi et le mercredi (trois jours), puis fruits, légumes et eau les autres jours.

– Semaine 5 : Jeûne hydrique le lundi, le mardi, le mercredi et le jeudi (quatre jours), puis fruits, légumes et eau les autres jours.

– Semaine 6 : Jeûne hydrique le lundi, le mardi, le mercredi, le jeudi et le vendredi (cinq jours), puis fruits, légumes et eau les autres jours.

– Semaine 7 : Jeûne hydrique le lundi, le mardi, le mercredi, le jeudi, le vendredi et le samedi (six jours), puis fruits, légumes et eau les autres jours.

– Semaine 8 : Jeûne hydrique du lundi au dimanche inclus.

Ce programme s'étale sur huit semaines et permet une adaptation progressive au jeûne hydrique. Il commence avec un seul jour de jeûne par semaine, puis augmente progressivement d'un jour supplémentaire chaque semaine jusqu'à une semaine complète de jeûne. Cette approche en douceur permet de préparer et d'adapter le corps au jeûne progressivement.

Le corps de Sandrine s'est nettoyé et détoxifié à la fois de l'intérieur et de l'extérieur. Elle a perdu plus de dix kilos pendant son jeûne, mais surtout, elle a retrouvé confiance en elle. Elle a renoué avec la personne qu'elle aime le plus au monde : elle-même. Même si chaque jour n'a pas été facile, elle a persévéré. J'ai dû l'aider à surmonter des moments difficiles à plusieurs reprises. Je suis extrêmement fier d'elle, et nous sommes d'ailleurs restés en contact. Sa vie a été transformée de manière radicale, elle se sent mieux dans sa peau, les tensions au sein de sa famille ont disparu, et elle vit pleinement.

En effet, un travail psychologique en amont a été essentiel, mais il a également été nécessaire de travailler sur la nutrition, ce qui a eu un impact déterminant sur le succès de cette cure et la guérison de Sandrine. Je ne le répéterai jamais assez : aucun médicament ne peut vous guérir. C'est votre système immunitaire, ce guérisseur personnel qui réside en vous, qui peut vous soigner et vous protéger des maladies. Apprenez à le soutenir en lui fournissant tout ce dont il a besoin pour accomplir sa mission. C'est son objectif intrinsèque, sa tâche naturelle, et il l'accomplit avec excellence. Alors, pourquoi chercher à le remplacer ?

Il est temps de conclure ce chapitre, mais avant cela, je souhaite vous parler d'un produit totalement naturel qui peut avoir un impact remarquable sur votre santé. Je suis généralement contre les compléments alimentaires, préférant obtenir les vitamines, les minéraux et les oligo-éléments directement des aliments naturels plutôt que sous forme de gélules ou de comprimés. Cependant, il existe un produit qui regroupe presque tous ces éléments et auquel je suis favorable. C'est une véritable mine d'or à lui seul. Je le consomme personnellement et je le recommande à mon entourage. Il s'agit du plasma de Quinton. Je ne vais pas entrer dans les détails de sa découverte ni de son inventeur (qui porte le même nom), mais je vais vous exposer ses bienfaits et vous laisser libre de vous renseigner davantage sur le sujet si cela vous intéresse.

Comme son nom le suggère, le plasma de Quinton est similaire au sang. L'eau de Quinton est en réalité de l'eau de mer puisée en haute mer, dans des tourbillons marins, ramenée à une concentration similaire à celle de notre corps. C'est une eau marine dont la composition est très proche de notre milieu interne grâce à ses 78 éléments biodisponibles. Elle est riche en paraplancton et est microfiltrée à froid pour ajuster sa salinité à celle de l'organisme humain.

L'inventeur de ce procédé était un biologiste français né en 1866. Il a observé que notre milieu interne était en osmose avec le milieu marin et a montré que l'eau de mer présentait de grandes similitudes avec notre plasma sanguin, à l'exception d'une concentration en iode légèrement plus faible. Cela s'appelle la "loi de constance marine". Il a établi que l'eau de mer était un sérum qui ne ciblait aucun microbe en particulier, mais renforçait la cellule organique pour résister à tous. Il a expérimenté son produit avec succès sur des animaux, puis a ouvert un dispensaire à Paris où il a utilisé le plasma marin pour traiter des bébés atteints de choléra et de gastro-entérite.

Aujourd'hui, le plasma de Quinton a été en grande partie éclipsé par des solutions de sérum physiologique, bien que ces dernières soient loin d'égaler son efficacité. De nombreux naturopathes et professionnels des thermes considèrent encore le plasma de Quinton comme un élément clé des cures de revitalisation. Personnellement, j'en fais usage au quotidien chez moi, tout comme mes enfants. Mon fils, qui étudie la biologie, en est devenu un grand connaisseur et ma benjamine, âgée de six ans seulement, en réclame tous les jours.

Ce produit contient tous les oligo-éléments nécessaires à l'organisme et est un allié de la santé. Grâce à lui, vous vous sentirez moins fatigué, vous serez plus concentré et vous tomberez moins souvent malade. Ne vous privez pas, envisagez des cures de plasma marin pour revitaliser votre organisme. Dans le même ordre d'idées, je vous recommande également le phytoplancton (algues microscopiques en suspension dans l'eau de mer), qui intervient dans la synthèse naturelle du plasma de Quinton. Le phytoplancton rend les oligoéléments et les minéraux marins biodisponibles, c'est-à-dire assimilables par l'organisme. Le phytoplancton peut être puissant dans la lutte contre le cancer. C'est un précieux allié que j'utilise de manière séquentielle pour renforcer mon système immunitaire et rafraîchir mon esprit.

Vous trouverez facilement sur Internet l'histoire d'un Canadien, éleveur de coquillages, qui a réussi à guérir d'un mésothéliome (un type de cancer redoutable). Lorsque les médecins lui ont diagnostiqué cette maladie mortelle, il a décidé de ne pas se laisser abattre et a commencé à consumer quotidiennement une petite quantité de phytoplancton, celui-là même qu'il utilisait pour nourrir ses coquillages. Son état s'est amélioré jour après jour. Quelques temps plus tard, lors d'une consultation médicale, les médecins ont été surpris de constater que toutes les tumeurs étaient devenues bénignes.

Je souhaite ajouter une dernière note avant de conclure ce chapitre sur la nutrition. Il s'agit de la cure du foie du Dr. Moritz. Après avoir lu le livre de ce grand médecin, j'ai mis en pratique ses recommandations et j'ai ainsi expérimenté sa célèbre cure. Étant très satisfait des résultats, je n'ai pas hésité à la répéter à maintes reprises, et je vous la recommande vivement. Permettez-moi de vous expliquer en quoi elle consiste. Tout d'abord, sachez qu'elle s'étale sur une semaine et qu'elle est facile à mettre en œuvre.

Un jour, j'ai dû prendre l'avion, et ce vol coïncidait avec le sixième jour d'un jeûne hydrique. À ce moment-là, je maîtrisais déjà le jeûne et le pratiquais avec aisance. Une fois en vol, j'ai ressenti une chaleur intense au niveau du foie. En passant ma main sous ma chemise et en la posant sur la zone chaude, j'ai constaté une chaleur considérable, voire brûlante. Cependant, je n'avais pas de fièvre. Cette sensation étrange m'a conduit à réaliser que le jeûne agissait sur mon foie et qu'il contribuait à son nettoyage.

L'UPPERCUT DE MA DÉLIVRANCE

Cette expérience m'a poussé à approfondir mes connaissances, me menant ainsi au livre d'un médecin allemand qui met en avant l'importance cruciale de la santé du foie pour le maintien de l'homéostasie corporelle. À cette époque, j'enseignais dans une école privée à Saint-Nazaire tout en entraînant deux boxeurs professionnels de renom en parallèle. Mon logement se trouvait dans un bel hôtel face à la vaste plage de Pornichet. Mes journées étaient bien remplies, entre les cours du matin, les séances d'entraînement et de coaching le soir.

C'est à ce moment-là que j'ai entrepris ma première cure du foie. Je savais qu'il serait difficile de tester cette méthode à domicile, donc je me suis rendu dans une boutique bio où j'ai acheté tous les ingrédients nécessaires pour cette cure : six litres de jus de pomme 100 % naturel, de quoi préparer 180 ml de jus de pamplemousse frais, de l'huile d'olive extra vierge pressée à froid et du sel d'Epsom (sulfate de magnésium).

J'ai commencé ma cure un lundi. Chaque jour, je devais boire un litre de jus de pomme. L'acide malique contenu dans la pomme aide à ramollir les calculs biliaires. Du point de vue de l'alimentation, il était primordial d'éviter les aliments gras afin de ne pas solliciter excessivement la vésicule biliaire, qui stocke la bile produite par le foie pour la digestion des graisses. J'ai suivi ce protocole au quotidien, adoptant un régime léger et me contentant de soupes chaudes le soir. Le sixième jour, j'ai cessé de manger après 13 heures, conformément aux directives de la cure.

Le protocole devient alors très précis, comme vous le découvrirez. À 18 heures précises, j'ai consommé un verre d'eau dans lequel j'ai dissous une cuillère de sel d'Epsom. Le goût était épouvantable, obligeant à l'ingérer rapidement pour en finir. À 20 heures (très précises également), j'ai pris un deuxième verre de la même préparation.

L'UPPERCUT DE MA DÉLIVRANCE

À 22 heures, je n'avais plus qu'à boire un troisième verre contenant un mélange de 140 ml de jus de pamplemousse et de 120 ml d'huile d'olive. Il est crucial de boire cette préparation en restant debout près du lit, puis de s'allonger immédiatement sur le dos en surélevant la tête pendant une vingtaine de minutes. Ensuite, il est possible de s'étendre plus confortablement et de se concentrer sur les sensations au niveau du foie.

Le lendemain matin, à 6 heures, il faut prendre un troisième verre d'eau mélangée avec du sel d'Epsom, se recoucher, lire ou méditer, puis à 8 heures, prendre un dernier verre de ce mélange. Ensuite, vous pouvez vous recoucher si vous le souhaitez. Pendant la nuit, vous devrez vous lever à plusieurs reprises pour aller aux toilettes, en raison de l'effet laxatif du sulfate de magnésium. Le sel d'Epsom joue un rôle essentiel dans la cure du foie en dilatant les canaux pour faciliter l'élimination des calculs biliaires.

Au réveil, il est vrai que j'ai évacué de nombreux petits calculs ainsi que quelques-uns plus gros. J'ai également éliminé une quantité considérable de cholestérol. Immédiatement après la cure, on peut ressentir une sensation de légèreté et un bien-être général. Cependant, comme vous allez le comprendre, j'ai introduit ces explications sur la cure du foie en référence à l'épisode dans l'avion pour une raison bien précise.

J'ai expérimenté cette cure à cinq reprises, et à chaque fois, j'ai réussi à éliminer des calculs biliaires. Cependant, je n'étais pas entièrement satisfait des résultats obtenus et j'ai souhaité comprendre pourquoi je n'obtenais pas de meilleurs résultats. Ce protocole, tel que je l'ai suivi, s'est avéré efficace pour certaines personnes, mais pour ma part, en prenant en compte le souvenir de la sensation de chaleur dans mon foie pendant le jeûne, j'ai été tenté de réaliser un autre jeûne, cette fois-ci en n'omettant pas, contrairement aux tentatives précédentes, d'observer mes selles. J'ai donc entrepris un jeûne de plusieurs jours en prêtant une attention particulière à la sensation de chaleur dans mon foie. Un matin, j'ai remarqué que mes selles contenaient de nombreux calculs de différentes couleurs. Plus anciens, plus sombres ; plus récents, verts ; et d'âge intermédiaire, marron. J'ai également observé une quantité considérable de cholestérol sous forme d'écume blanche, dégageant son odeur caractéristique.

Cela m'a permis de constater que le jeûne nettoie véritablement tous les organes, y compris le foie. Il favorise l'élimination des calculs anciens qui étaient bloqués dans les voies intestinales, et pas seulement des calculs jeunes et verts qui sont éliminés après une cure du foie. Je tiens à préciser que je ne sous-estime en aucun cas la cure du Dr. Moritz. Au contraire, je suis d'avis qu'elle peut donner d'excellents résultats lorsqu'elle est associée au jeûne hydrique.

Quant au nettoyage de l'estomac et des intestins, je recommande une tisane de feuilles de séné, dont l'effet laxatif est radical. Les musulmans attribuent au Prophète un hadith disant que « s'il y avait une plante capable de guérir la mort, ce serait celle-ci ». Il faisait référence au séné, ce qui suggère que la santé passe avant tout par le bon fonctionnement des intestins.

Pour préparer la tisane, faites bouillir de l'eau avec une petite poignée de feuilles de séné, et laissez mijoter à feu doux pendant au moins deux heures. Ajoutez un peu de miel de jojoba et buvez un grand verre de cette tisane avant d'aller vous coucher. Cependant, soyez vigilant, car la réaction peut être assez brutale. Vous pourriez éprouver des crampes abdominales, des nausées, des vomissements, en plus d'une diarrhée abondante, similaire à une gastro-entérite. Attendez-vous à une nuit agitée…

BONUS : LA VITAMINE C

La vitamine C, également connue sous le nom d'acide L-ascorbique, est souvent considérée comme une panacée. Son importance est telle qu'elle est actuellement gardée secrète par de nombreuses instances médicales, qui semblent prospérer grâce aux maladies et aux souffrances des individus.

La plupart des animaux synthétisent naturellement la vitamine C, à quelques exceptions près, comme certains primates (comme les chimpanzés), certains poissons (truites et saumons) ainsi que les cochons d'Inde. Les êtres humains, de même que nos animaux domestiques, ne produisent pas de vitamine C, curieusement. Il est d'ailleurs frappant de constater que les animaux domestiques tombent souvent malades, tandis que les animaux sauvages ne rencontrent pas ces problèmes de santé. Cette situation convient bien aux vétérinaires, qui en tirent profit.

Il se pourrait que nos habitudes alimentaires des dernières décennies aient altéré notre capacité à synthétiser la vitamine C. Cela est notamment démontré par le fait que les animaux domestiques, nourris de manière similaire à nous, tombent malades. Cependant, ces idées sont de mon point de vue personnel.

L'essentiel est de garder à l'esprit que des doses élevées de vitamine C ont des effets antioxydants et nourrissent nos cellules. Si vous êtes en bonne santé, une dose de cinq à dix grammes par jour est amplement suffisante. En cas de maladie et selon la gravité de votre état, les doses peuvent être augmentées jusqu'à cinquante grammes, voire plus.

Cependant, il convient de noter que le MMS (Solution Minérale Miracle), tout comme la vitamine C, ne doivent pas être pris simultanément. Bien que tous deux soient de précieux alliés pour le bien-être et la santé, ils ne sont pas compatibles et peuvent s'annuler mutuellement s'ils sont pris ensemble. Il est donc impératif de les utiliser séparément. Vous pouvez prendre la vitamine C le soir avant de vous coucher pour favoriser la détente. Contrairement à certaines croyances, une dose de dix grammes peut induire un état de bien-être propice au sommeil. Personnellement, j'aime en faire usage avant ma séance de méditation. Si vous devez utiliser le MMS, faites-le plutôt le matin et dans l'après-midi.

Par ailleurs, la vitamine C peut vous aider à gérer les situations de stress, comme en témoignent des études sur des animaux. Ces recherches montrent qu'une chèvre synthétise quotidiennement environ sept grammes de vitamine C dans des conditions normales, mais cette quantité peut être multipliée par sept en situation de stress.

Il est important de savoir que la vitamine C peut guérir des maladies graves, un fait souvent caché par crainte que les individus ne guérissent et que le système médico-pharmaceutique ne soit compromis.

CHAPITRE V
L'ACTIVITÉ PHYSIQUE ET LE SPORT

« LE SPORT VA CHERCHER LA PEUR POUR LA DOMINER, LA FATIGUE POUR EN TRIOMPHER, LA DIFFICULTÉ POUR LA VAINCRE. »

PIERRE DE COUBERTIN

Le sport est un domaine que j'apprécie particulièrement, car il a considérablement enrichi et continue d'enrichir ma vie. L'activité physique crée une connexion profonde entre le corps et l'esprit, apportant à chacun l'équilibre et la force nécessaire pour former une alliance puissante.

L'UPPERCUT DE MA DÉLIVRANCE

C'est l'équipe par excellence, celle qui multiplie et unit le bien-être physique et mental. L'adage "un esprit sain dans un corps sain" prend ici tout son sens, à moins que ce ne soit "un corps sain dans un esprit sain"... La question de savoir lequel des deux habite en l'autre reste ouverte, c'est à vous de décider quelles responsabilités attribuer à chacun.

Le sport nous permet de libérer de l'endorphine, l'hormone du bonheur. En effet, il apporte le bonheur, tout en jouant un rôle crucial dans notre santé. Le sport est une formidable source de développement, de détente et de bien-être. Il est un atout majeur qui peut vous placer en position de maître du jeu.

De nombreux ouvrages ont été écrits sur une multitude de sujets liés au sport, certains excellents et d'autres moins intéressants. Pour ma part, je souhaite partager simplement mon expérience personnelle. Je ne prétends pas avoir été un grand champion, mais j'ai eu l'occasion de côtoyer de tels individus. Pendant de nombreuses années, j'ai accompagné, à leur demande, des athlètes de haut niveau dans différentes disciplines, et je peux humblement affirmer avoir contribué à améliorer l'efficacité et les performances de quelques grands sportifs.

Le sport et l'exercice physique sont des activités nobles et profondément enrichissantes. Il existe de nombreuses manières de pratiquer, adaptées aux goûts, aux possibilités, aux objectifs, aux aspirations, aux aptitudes et aux dispositions de chacun. En ce qui me concerne, j'aborderai ce vaste sujet en m'appuyant sur les enseignements acquis au cours de trente années de pratique et d'expériences variées.

Mon parcours sportif a débuté à l'âge de seize ans, avec la boxe anglaise. Je n'étais alors qu'un jeune insouciant, typique de l'adolescence. Je rêvais de devenir un grand boxeur, mais les événements se sont déroulés différemment de ce que j'avais planifié. Rapidement, j'ai compris que l'essentiel n'était pas de simplement s'inscrire dans un club et d'exécuter machinalement les mouvements et exercices prescrits par l'entraîneur, afin de les mémoriser et de les perfectionner.

Ces séances d'entraînement semblaient manquer d'un élément crucial à mes yeux : un aspect magique et sensoriel qui relève davantage de l'émotion que de la dimension physique. Je fais référence au ressenti. À cette époque, j'ai remarqué que la plupart des grands champions qui étaient sous les projecteurs, peu importe leur discipline, possédaient tous une touche de magie et une manière de pratiquer originale et hors du commun. Cette singularité propre aux sportifs de légende ne se reflète pas nécessairement dans leur comportement extérieur, elle est plus profonde, intérieure. De nombreux entraîneurs évoqueront la détermination, le mental. Pour ma part, lorsque je parle de l'intérieur, je fais référence au cœur. Oui, ce cœur qui bat en nous, siège de l'amour et de la haine, mais aussi de la compassion, de l'attraction inexplicable pour ce qui est positif, semblable à un instinct nous guidant vers les meilleures actions à entreprendre.

Dans de nombreuses salles de sport et autres environnements dédiés à l'activité physique, on insiste sur l'apprentissage de mouvements précis, à répéter jusqu'à la perfection. On vous encourage à puiser dans vos ressources intérieures pour vous surpasser et vous améliorer en permanence. Je ne remets pas en question ces méthodes, mais je crois qu'elles négligent malheureusement l'aspect le plus crucial : le cœur. Je ne parle pas ici de ses performances physiologiques qui assurent une compétitivité à long terme, mais plutôt de sa fonction en tant qu'organe de l'amour. Oui, je parle bien de l'amour. Il est la base de tout acte authentique, le fondement de nos actions positives, qu'elles soient sportives ou autres.

L'UPPERCUT DE MA DÉLIVRANCE

L'amour est inconditionnel. Il est essentiel d'apprendre à s'aimer et à s'accepter tels que nous sommes. C'est le moteur de tout succès, la clé de l'accomplissement. Qu'il s'agisse d'être en surpoids ou maigre, fort ou faible, beau ou moins attrayant, il n'y a pas de laideur physique lorsque nous regardons avec le cœur. La laideur ne peut être qu'intérieure, alors ne vous arrêtez pas à de tels détails. C'est l'un des messages que j'ai souhaité transmettre à travers les chapitres précédents. Peut-être que je ne vous ai pas convaincu, mais j'espère au moins avoir suscité une réflexion. J'espère que vous apprendrez également à vous aimer, à vous estimer et à devenir le créateur de votre propre vie.

Avant de commencer à pratiquer un sport, quel qu'il soit, commencez par là. L'estime de soi et l'amour-propre, non pas dans le sens habituel, mais dans son sens littéral : oui, commencez par l'amour. C'est ainsi que vous pourrez distinguer entre l'être humain en vous et la machine que vous ne devriez pas être. N'oubliez jamais que vous êtes constitués de deux parties lorsque vous vous entraînez : une partie faite d'amour, votre cœur qui vous parle et vous conseille judicieusement, et une autre partie, votre ego, un faux ami et un conseiller peu fiable qui prétend vous guider.

Les meilleurs entraîneurs sont ceux qui travaillent avec leur cœur et qui transmettent leur énergie passionnée, gratifiante et propice à la performance. Ils réalisent des miracles et ne recherchent pas la gloire personnelle : leur seul objectif est le succès de leurs élèves. Cependant, ces entraîneurs sont rares. La plupart ne travaillent qu'avec leur ego, et même s'ils mettent en avant leurs élèves les plus talentueux, c'est principalement pour briller eux-mêmes. Lorsqu'ils choisissent un champion potentiel, c'est souvent par intérêt personnel. Ils perçoivent ces athlètes comme des moyens d'atteindre leur propre gloire.

Je mesure les capacités d'une personne en sport en grande partie en observant son capital cœur. Même si quelqu'un sans cœur parvient à performer mieux qu'un autre qui en a, à égalité de génétique et de physique, la personne dotée de cœur sera meilleure à long terme, même si elle doit travailler deux fois plus pour s'améliorer. Permettez-moi de vous donner un exemple. Un cœur sain a un sang léger, fluide et rouge. En revanche, un cœur moins en forme a un sang épais, lourd et sombre. Imaginez deux voitures avec des moteurs identiques. L'une est entretenue avec une huile de qualité, fluide. L'autre, négligée, reçoit initialement une huile de qualité, mais qui devient progressivement épaisse et noire. La première voiture roulera rapidement et parcourra une plus longue distance, tandis que la seconde peinera à suivre, son moteur finira par céder et elle s'arrêtera. Le moteur d'une voiture est comme le cœur, s'il n'est pas entretenu convenablement, il flanchera prématurément.

Le sportif qui s'efforce constamment d'être le meilleur sans mettre de cœur dans son effort ressemble au conducteur qui brutalise sa voiture en la poussant de manière irrespectueuse. L'idée de prendre soin de sa voiture ou de lui exprimer de la gratitude pour les services qu'elle rend et le plaisir qu'elle procure ne lui vient pas à l'esprit. L'ego alourdit le cœur, obscurcit le sang, tandis que l'amour lui confère une belle teinte rouge, le rend fluide et permet à la vie de circuler dans tout le corps, créant un climat propice à la paix intérieure. Apprenez donc à vous aimer et à travailler avec votre cœur, à la fois physiquement et mentalement.

1. LES BASES

Pour débuter une pratique sportive, il y a une base essentielle à respecter, et elle est proche du cœur : c'est la passion. Cultivez la passion pour ce que vous faites. La passion est une force créatrice, elle élève, elle vous inspire. Si, par exemple, vous vous adonnez à la course à pied, vous constaterez en discutant avec des experts de cette discipline à quel point ils sont passionnés. Leurs yeux brillent lorsqu'ils parlent de ce sport. Leur enthousiasme est si fort qu'ils semblent presque ensorcelés. Ils vous diront que quand ils courent, ils entrent en transe, se sentent légers et fluides, comme en aquaplaning sur l'asphalte. Ils fusionnent avec le moment présent, savourent chaque inspiration et expiration. C'est du moins ce que je ressens personnellement lorsque je m'adonne à un sport avec passion.

Un diamant brut, même s'il ne semble pas précieux à première vue, possède déjà une grande valeur. Le talent du tailleur de diamants consiste à révéler la beauté de la pierre. Le tailleur l'ajuste avec art, avec amour et passion. Il lui donne une multitude de facettes qui reflètent subtilement la lumière, conférant au diamant son éclat et sa valeur. Vous êtes un diamant brut, une merveille en devenir dont vous êtes le tailleur. Avec de bons outils, des conseils avisés, de la passion, de l'amour et de la patience, vous parviendrez à vous mettre en valeur. Vous réaliserez en vous de belles transformations qui révéleront votre beauté cachée. Ayez confiance et ne doutez jamais, car le doute est un ennemi redoutable. Sachez que vos principaux ennemis sont le doute et l'ego.

Ne prêtez pas attention aux mauvais conseillers, éloignez-vous d'eux et rapprochez-vous de personnes qui vous motivent. Rappelez-vous que ceux qui se moquent de vous et vous jugent inférieur ne sont que des individus en manque d'épanouissement. Ils ne sont pas responsables de leurs attitudes, mais éloignez-vous tout de même de tout ce qui est toxique. Apprenez à vous aimer tel que vous êtes. Je vous assure que cela constitue déjà un excellent point de départ, car cela incitera votre corps à se dépasser. Faites-en votre partenaire, votre allié. Vous constaterez à quel point il se ralliera à votre projet avec enthousiasme. Une fois que vous aurez intégré cette base fondamentale, appliquez la même approche à votre monde intérieur.

Il vous semblera souvent entendre une petite voix dans votre tête semant le doute, vous convainquant que vous êtes à bout de souffle, que la mort vous guette si vous n'arrêtez pas immédiatement l'effort.

L'UPPERCUT DE MA DÉLIVRANCE

Cette petite voix dans votre tête vous intime de vous arrêter, même si vous pourriez continuer. Cependant, rappelez-vous que c'est simplement votre pensée qui vous trompe. Lorsque vous êtes véritablement à bout de souffle, la communication se fait avec les poumons et le cœur. La sensation ne vous conseille pas, elle vous ordonne de vous arrêter net, et vous obéissez sans hésitation.

La tête vous conseille ou vous déconseille par la pensée, mais vos poumons, votre cœur et vos muscles vous ordonnent d'agir et ne vous laissent pas le choix. Vous ne ressentez pas, vous sentez, et cette distinction fait toute la différence. Apprenez à écouter votre corps et vos organes, apprenez à faire la différence entre une sensation et une douleur. Vous serez alors en mesure de gérer la situation et de décider si vous pouvez continuer ou si vous devez vous arrêter.

Notre système nerveux fonctionne à deux niveaux, le sympathique et le parasympathique, chacun ayant des effets opposés sur l'activité des organes. Le système nerveux sympathique régule automatiquement la circulation sanguine, la respiration et d'autres fonctions physiologiques vitales. Il fonctionne de manière autonome et intelligente, faisant fonctionner vos organes sans que vous ayez besoin d'y penser. C'est une bonne chose, sinon nous serions déjà tous décédés. Un autre aspect de votre système nerveux, et donc de votre cerveau, gère la marche, la course, la parole, etc. C'est cette partie que vous devez apprendre à maîtriser. C'est elle qui sème le doute en vous et vous fait croire que vous n'avez plus de ressources. Votre système autonome vous alerte lorsque quelque chose ne va pas, en envoyant des signaux parfois difficiles à interpréter en cas de maladie, mais clairs lorsqu'il s'agit d'efforts physiques.

Vous comprenez à présent pourquoi il est crucial de vous accepter et de vous aimer tels que vous êtes. Considérez-vous comme un diamant brut et prenez le temps, la passion et l'amour nécessaires pour le tailler en une œuvre précieuse. Ne laissez pas votre tête, qui vous parle, être confondue avec vos organes, qui eux, ordonnent. Soyez prudent face aux mauvais conseillers et aux personnes toxiques. Fixez-vous des objectifs en visant toujours un équilibre, ni excessif ni insuffisant. Soyez patient et sage, vous serez alors prêt à vous lancer.

2. LA RESPIRATION

Dans n'importe quelle activité physique, il importe d'avoir un bon cœur et de bons poumons. Avant de vous lancer dans la pratique d'un sport, assurez-vous, chez un spécialiste de la santé, que vous êtes en bonne condition pour cette activité et notamment que l'état de votre cœur et de vos poumons vous y rend apte. Je ne parlerai pas du tabac car vous savez déjà pertinemment qu'il va à l'encontre de votre santé et de celle des autres.

La respiration est essentielle en sport car à chaque accélération de votre pouls, votre souffle s'accentuera. Votre souffle est le baromètre de votre vitalité et vous devez apprendre à le contrôler pour ensuite lui donner plus de vie et de force. À la naissance, nous prenons notre premier souffle, et à notre mort, nous rendons le dernier. Avec le sport, vous allez apprendre à ressusciter.

Débutez doucement si vous êtes novice. Par exemple, quand vous commencerez à courir, laissez votre système nerveux autonome gérer votre souffle, comme lorsque vous marchez, sans vous demander comment vous devriez respirer. Courez à la vitesse qui vous permet de tenir une discussion avec une autre personne et gardez ce rythme sans chercher à le dépasser. Vous vous mettrez alors à vous essouffler uniquement si vous accélérez la cadence ou si vous vous retrouvez à gravir une pente. Restez sur du plat pour commencer et conservez le rythme qui vous permet de courir au moins une heure sans interruption, sauf si vous êtes en surpoids car vos articulations risqueraient de vous jouer des tours. Si c'est votre cas, préférez une activité assise, comme le vélo ou le rameur.

Courez régulièrement au début en changeant votre itinéraire autant que vous le pourrez afin de ne pas entrer dans les habitudes. Changez de parc ou de piste et alternez avec la salle de gym et les terrains en plein air. Je vous conseille de courir à jeun (pour les personnes qui ne sont pas diabétiques ou anémiques), c'est beaucoup plus facile et vous vous sentirez plus léger car votre système digestif sera au repos et vous récupérerez toute l'énergie économisée par votre corps. En plus, je peux vous garantir qu'ensuite, votre petit-déjeuner n'en sera que plus savoureux.

Si vous voulez augmenter vos capacités pulmonaires et cardiaques, il faudra pratiquer l'exercice en le fractionnant. C'est-à-dire que vous devrez courir par exemple une minute en vitesse accélérée et une minute en vitesse de récupération en débutant par une dizaine de tours selon vos capacités. Augmentez ensuite la fréquence jusqu'à ce que vous arriviez à exécuter un sprint sur cent mètres, à marcher au retour sur ces cent mètres et à faire encore au minimum une dizaine de tours, selon vos performances de départ. Par la suite, vous pourrez prolonger vos séries.

Ce type d'exercice peut également être réalisé sur un vélo, un rameur ou tout autre appareil similaire, basé sur le même principe. Avec de la pratique et du temps, vous commencerez à renforcer votre organe le plus vital : le cœur. Le cœur est souvent négligé par les adeptes de la musculation et des sports liés au culturisme. Votre cœur va commencer à se développer en gagnant en force et en efficacité. Naturellement, plus il se développe, plus il sera capable de transporter l'oxygène et moins vous ressentirez d'essoufflement.

L'UPPERCUT DE MA DÉLIVRANCE

Pour apprendre à bien respirer, il est essentiel de commencer par renforcer en priorité votre cœur. En effet, il joue le rôle de chef d'orchestre en rythmant l'ensemble du corps. Les poumons, quant à eux, filtrent l'air que vous inspirez et le distribuent. S'ils sont encrassés, leur fonctionnement s'en trouve altéré.

Avez-vous déjà entendu parler du "second souffle" ? J'ai personnellement expérimenté cette sensation, et même atteint ce qu'on appelle le "troisième souffle". À l'âge de 24 ans, j'avais l'habitude de courir en plein air en solitaire. Bien que marié à cette époque, ma femme, encore étudiante, n'était pas particulièrement attirée par le sport. De mon côté, je pratiquais la boxe anglaise et je m'adonnais régulièrement à des footings d'environ quinze kilomètres, puis je rentrais chez moi. Mon emploi du temps chargé entre le travail, la boxe et les footings laissait peu de temps à consacrer à ma femme, qui se retrouvait souvent seule.

Un jour, ma femme exprima sa lassitude de me voir partir courir presque chaque soir et souhaita que je réduise mes sorties afin que nous puissions passer plus de temps ensemble. Ma réponse fut que mes habitudes étaient déjà ainsi quand nous nous sommes rencontrés et qu'elle devait s'adapter à ce mode de vie. Pourtant, je savais qu'elle avait raison et que je devais prendre en compte ses sentiments. Elle me lança alors le défi de courir avec elle pendant un mois, après quoi je n'aurais plus à l'attendre. C'est ainsi que notre aventure a commencé.

Mes footings se déroulaient généralement sur du bitume et comportaient plus de montées que de sections plates. Le parcours était exigeant pour un débutant, bien qu'accessible à un coureur expérimenté. À ma grande surprise, lorsque ma femme a commencé à courir avec moi, elle a montré des capacités impressionnantes. Je n'ai pas eu à modifier notre itinéraire, juste à le raccourcir légèrement. À l'époque âgée de 22 ans, elle était en excellente condition physique. Bien qu'éprouvant des difficultés et se fatiguant dans les montées, elle parvenait à suivre mon rythme, que j'avais adapté pour elle. Malgré les défis liés à son manque d'entraînement, elle persévérait, bien que par moments elle montre des signes de faiblesse. Je ne la laissais pas abandonner, la motivant à continuer en lui prenant la main et en la guidant.

Après cette première expérience en binôme, je pensais qu'elle n'aurait plus envie de courir avec moi. Cependant, loin de se décourager, elle persévéra. À force d'entraînement, elle commença à apprécier nos footings à deux, puis à ne plus pouvoir s'en passer. Elle apprit rapidement à gérer sa respiration et à placer un pied devant l'autre. Nous commencions à nous rendre au stade chaque dimanche pour des séances de fractionné. Alterner entre un tour de piste à allure modérée suivi d'un tour en silence à une cadence plus soutenue était notre routine. Nous répétions cet exercice dix fois, couvrant ainsi quatre kilomètres à une allure modérée et autant à une allure rapide, le tout en moins de cinquante minutes, tel était notre objectif. Au départ, cela nous prenait plus d'une heure, car nous nous basions sur nos sensations sans l'aide de montres GPS pour mesurer la distance et la vitesse. Cependant, au fil des semaines, je pouvais voir dans les yeux brillants de ma femme la joie et la fierté de réussir cet objectif. Grâce à sa pratique et à son endurance grandissante, elle courait désormais avec aisance à mes côtés, améliorant même sa foulée et ses performances.

Nos entraînements au stade devenaient réguliers. Nous faisions ensemble des tours de piste jusqu'à atteindre quarante tours consécutifs, soit une distance totale de seize kilomètres. Ma femme montrait une détermination exemplaire et donnait le meilleur d'elle-même. Je souhaitais renforcer sa mentalité, car à l'époque je n'étais pas encore familier avec les techniques de méditation et de concentration. Bien que difficile, cet exercice ne lui laissait pas le choix. Je lui avais dit que nous continuerions jusqu'à réussir à boucler ces quarante tours en 60 minutes. Notre meilleur temps fut de 70 minutes, ce qui n'était pas négligeable. Parfois, nous raccourcissions la séance sur la piste pour terminer par un autre exercice : monter et descendre les gradins en courant, répété au moins dix fois pour ensuite récupérer.

Après deux mois d'entraînement, je proposai à ma femme de relever le défi d'un parcours de 34 kilomètres, dont près de 24 en montée. Se sentant prête à affronter ce défi, je croyais en ses capacités. À l'époque, nous habitions à Mandeure et le parcours nous menait hors de la ville, à travers la campagne où j'avais grandi. Notre itinéraire partait de la maison en direction de la Combe aux Ânes, puis nous montions jusqu'au belvédère situé en hauteur, au cœur d'une vaste forêt. C'est durant cette ascension ardue que ma femme devait puiser dans ses réserves. Pour l'encourager tout au long du périple, je chantais en courant pour alléger sa peine, et je la taquinais en accélérant puis en revenant vers elle, dans un esprit ludique. Malgré la difficulté, elle put franchir cette montée épuisante.

En haut, un parcours Vita s'étendant sur 2,2 kilomètres nous attendait. Il comprenait environ 60% de montées et nous devions accomplir dix circuits consécutifs. Ma femme a brillamment relevé ce défi sans faiblir. Par la suite, le retour à la maison était beaucoup plus simple, principalement en descente. Cependant, nous étions gênés par des points de côté, ce qui n'est guère étonnant étant donné que nous courions sans nous hydrater. À cette époque, je n'étais pas familier avec les Camel-bags et la bouteille que j'emportais était loin de suffire pour couvrir tout le trajet.

En tout, il nous a fallu trois heures et demie pour compléter le parcours, au grand bonheur de ma femme qui parlait déjà de réitérer l'expérience. Nous avons continué à nous entraîner en privilégiant les exercices visant à améliorer notre cadence et notre respiration. Au bout de quinze jours, nous avons renouvelé l'expérience. Cette fois, j'avais décidé de m'équiper d'une corde. Initialement, tout se passait bien. Les difficultés sont apparues avec la redoutable montée vers le belvédère. J'ai alors attaché une extrémité de la corde autour de ma taille et l'autre autour de celle de mon épouse. Lorsqu'elle ralentissait, j'accélérais pour la tirer avec moi. Cela la soulageait considérablement, mais c'était exigeant pour moi, car je devais tenir bon pour ne pas la lâcher.

C'est là que j'ai fait connaissance avec le "deuxième souffle". Pour le découvrir, il faut vraiment aller au bout de ses forces. Lorsque j'avais du mal à entraîner ma femme, je me convainquais que c'était une question de vie ou de mort, que son bien-être dépendait de moi et que l'abandonner mettrait sa vie en danger. Je m'imaginais que je détenais son destin entre mes mains et que je devais la sauver en persistant. En adoptant cette mentalité, je me suis retrouvé dans une sorte de transe, comme quelqu'un jouant sa vie. Tout devenait flou et léger à la fois. Alors que mon corps voulait abandonner, mon esprit se battait, désireux d'aller jusqu'au bout. C'est à ce moment-là que survient le moment magique, une seconde chance, où je repartais de zéro, comme si de rien n'était. J'étais transporté dans un état d'extase où ma détermination était encore renforcée. C'est à ce moment précis que j'ai compris une notion cruciale dans le sport, que j'appelle le "déjà fait". Il suffit de se convaincre que vous l'avez déjà accompli et que vous êtes simplement en train de le refaire.

Vous imprégnez vos gènes de souvenirs en imaginant avoir déjà vécu ces moments, et cela les fait réellement se produire. En quelque sorte, vous inversez le processus. Vous vivez une situation que vous avez déjà vécue dans votre esprit, ce qui vous persuade que vous pouvez la reproduire aisément. Cette technique simple s'applique dans de nombreux domaines et fonctionne de manière impressionnante. J'ai même utilisé cette approche pour atteindre ce que j'appelle le "troisième souffle", après avoir constaté que le "deuxième souffle" est temporaire, offrant simplement une pause pour récupérer. J'ai réalisé qu'il était contre-productif de continuer à pousser avec le "deuxième souffle" et qu'il était préférable de l'utiliser pour récupérer avant de repartir sans atteindre un autre palier.

Pour ma femme, les dix circuits du parcours Vita représentaient un défi ardu. Pour mieux nous préparer, nous nous rendions en voiture sur le site et faisions directement nos dix circuits, couvrant ainsi 22 kilomètres. Je me souviens qu'à la fin de cette aventure, nous mettions la musique à fond dans notre voiture, une vieille 305 vert jade, et nous sautions à la corde sur le bitume pour évacuer les tensions. À cette époque, je pouvais sauter pendant une heure d'affilée sans m'arrêter, tandis que ma femme tenait environ quarante minutes. J'étais véritablement fier de ses progrès, et en quelques mois seulement, elle avait atteint un niveau qu'elle n'aurait jamais imaginé dans ses rêves les plus fous. Jamais elle n'aurait pensé accomplir de tels exploits. Aujourd'hui, elle reste passionnée par le sport, et nous continuons à partager cette passion ensemble.

Vous aussi, vous en êtes capable. C'est à votre portée, mais cela nécessite avant tout une véritable volonté. Une fois cette détermination en place, tout devient réalisable. Alors, cultivez la motivation, la joie et la patience. Persévérez, ne laissez pas le découragement s'installer, avancez avec détermination. Accrochez-vous à vos objectifs et vous constaterez que vous avez le pouvoir de surpasser vos limites. Avec une volonté inébranlable, votre corps vous portera aussi loin que votre esprit peut le projeter.

3. LA FORCE ET LA PUISSANCE

Nous possédons tous une certaine force et puissance, bien que leur quantité puisse varier d'une personne à l'autre. Souvent, cette différence est attribuée à la génétique. Je dois avouer que j'ai toujours eu une grande force naturelle, même sans avoir à la travailler excessivement. Toutefois, il est important de souligner que la force ne dépend pas uniquement de la taille des muscles. Certaines personnes sont incroyablement fortes sans avoir une musculature imposante. Cependant, le volume joue tout de même un rôle significatif.

Si l'on examine de près les personnes les plus puissantes de la planète, on constate qu'elles sont souvent massives et bien en chair, ce qui leur permet de soulever et déplacer des charges de plusieurs centaines de kilos. Certes, ces individus s'entraînent intensivement pour parvenir à de telles performances, mais ils ont aussi tendance à consommer excessivement pour gagner en volume, mettant ainsi leur santé cardiaque en péril.

Cependant, l'objectif ici n'est pas d'atteindre la force d'un athlète professionnel, mais plutôt d'acquérir suffisamment de force pour gérer son propre poids corporel. La force est liée à la puissance, qui elle-même est corrélée à la musculature. Pour être fort, il faut être puissant, et pour être puissant, il est nécessaire de développer l'ensemble des muscles du corps.

Permettez-moi de vous expliquer cela avec une analogie. Une voiture de quatre chevaux n'a pas la même puissance mécanique qu'une voiture de douze chevaux. Cependant, la voiture de douze chevaux possède une force d'accélération supérieure à celle de la première. Même si vous faites rouler les deux voitures à la même vitesse, elles finiront par se trouver côte à côte. La seule différence réside dans le fait que si la voiture la plus puissante accélère, elle dépassera rapidement l'autre. L'idée que je veux vous transmettre, c'est que ces deux voitures possèdent chacune une force qui leur permet de rester côte à côte tant qu'elles roulent à la même vitesse, même si l'une est dotée d'un moteur plus puissant. La puissance qui les distingue ne devient utile que lorsqu'une accélération est nécessaire. La force constitue le socle, et l'ajout de puissance la rend encore plus performante.

Prenons un exemple concret. Si la personne A peut réaliser un soulevé de terre de 300 kilos en une seule tentative, elle possède plus de force que la personne B, qui ne peut en soulever que 150 kilos. Toutefois, si la personne A ne peut soulever 100 kilos que cinquante fois d'affilée, tandis que la personne B réussit à soulever cette même charge cent fois de suite, on dira que la personne B est plus puissante. Vous ne pourrez jamais avoir autant de puissance que de force, ni autant de force que de puissance. La force se manifeste à travers les gros muscles externes, tandis que la puissance se situe à l'intérieur, dépendant de muscles moins visibles qui sont souvent négligés ou oubliés.

D'ailleurs, plus vos muscles externes sont volumineux, plus il devient difficile de développer les muscles internes, car vous risquez de manquer de souplesse et de mobilité. Les athlètes de force n'accordent que peu d'importance à la puissance, se concentrant principalement sur la force brute. Ils excellent dans les épreuves courtes et lourdes, mais ressentent souvent de la fatigue rapidement. Ils réalisent des exploits impressionnants, mais ils sont moins performants sur la durée.

Lorsque j'évoque les muscles internes, je fais référence aux muscles profonds, tels que le muscle ilio-psoas (ou psoas-iliaque), qui relie la partie inférieure du corps à la partie supérieure, et qui contribue à la puissance du bas du corps. Il y a également le muscle transverse, un muscle profond couvrant la sangle abdominale, qui confère de la puissance à la partie supérieure du corps.

N'oublions pas non plus le cœur, dont j'ai déjà parlé précédemment. Ses muscles sont internes et ne sont pas visibles de l'extérieur. Ils sont souvent négligés par ignorance, et même lorsque nous en sommes conscients, nous les travaillons souvent de manière inefficace, à moins d'être un professionnel averti.

Prenons l'exemple des tractions. Certaines personnes auront du mal voire seront incapables de soulever leur propre poids lors de cet exercice, tandis que d'autres seront en mesure d'en effectuer une ou plusieurs sans difficulté. Parvenir à faire même une seule traction équivaut à réussir à soulever son poids corporel, ce qui nécessite une force musculaire dans les dorsaux, les biceps, les triceps et les avant-bras. Ainsi, il est nécessaire de travailler tous ces muscles pour les rendre à la fois plus forts et plus volumineux, ce qui contribuera également à réduire l'excès de graisse. Une fois que vous aurez développé votre masse musculaire, réussir à réaliser une traction sera déjà un accomplissement considérable et vous serez satisfait de votre performance. Toutefois, si vous aspirez à progresser et à enchaîner plusieurs tractions, vous aurez besoin de puissance pour y parvenir. Je tiens à préciser que je parle ici de tractions strictes, sans élan, et non des tractions effectuées en balancement.

Désormais, vous comprenez pourquoi je fais une distinction entre la force et la puissance. Pour exceller en tant qu'athlète, il est nécessaire de posséder les deux. Le développement de la force est relativement simple : il suffit de suivre un programme qui permet de solliciter un maximum de fibres musculaires pendant les entraînements, de manière à ce qu'elles se réparent et gagnent progressivement en volume pendant la phase de repos. Bien que cela puisse paraître simple, il est important de ne pas négliger deux aspects cruciaux : l'alimentation joue un rôle majeur dans la récupération musculaire, et la régénération musculaire se produit principalement pendant le sommeil, mais à des moments spécifiques.

Lorsque vous travaillez vos muscles, il est impératif que vous vous concentriez sur le muscle ciblé et que vous ressentiez le mouvement partir de là. Comme je l'ai expliqué précédemment, la sensation est profonde et demande une concentration soutenue. Par exemple, si vous exécutez un rowing pour travailler vos dorsaux, vous devez tirer la barre ou l'haltère avec vos dorsaux (muscles du dos), et non avec vos épaules, vos bras ou même vos jambes. Votre focalisation doit être sur le muscle en question, et vous devez ressentir la contraction dans ce muscle. Bien que vos épaules et vos bras participent dans une certaine mesure, ce ne sont pas eux qui font le travail ; ce sont les muscles dorsaux qui sont sollicités.

À titre d'exemple, vous pouvez commencer avec des charges vous permettant d'effectuer quatre séries de douze répétitions. Au fil des semaines, augmentez progressivement les charges tout en réduisant le nombre de répétitions, jusqu'à atteindre quatre séries de huit répétitions avec une charge équivalente à votre poids corporel. Ensuite, visez quatre séries de sept répétitions avec une charge équivalente à votre poids corporel augmenté de 5 %, et ainsi de suite, jusqu'à réaliser quatre séries d'une seule répétition avec une charge équivalente à votre poids corporel augmenté de 35 %. Utilisez la technique du "déjà fait" que j'ai expliquée précédemment pour vous aider dans votre entraînement.

En ce qui concerne la récupération, veillez à boire de l'eau de qualité en ajoutant une petite pincée de sel de mer sur votre langue avant de boire quelques gorgées d'eau. Cela aidera à ouvrir vos pores pour favoriser une meilleure respiration cutanée et l'élimination des toxines. Assurez-vous de consommer suffisamment de protéines, en privilégiant celles d'origine végétale. Pour les non-végétariens, choisissez des sources de viande et d'œufs de qualité, de préférence au déjeuner comme expliqué précédemment. Je déconseille l'utilisation excessive de protéines en poudre, sauf pour les athlètes professionnels dont l'entraînement est extrêmement intense. Cependant, soyez prudent et ne prenez des compléments en protéines que sous forme de sources végétales pendant vos séances d'exercices.

Il est intéressant de noter que dans des domaines tels que l'haltérophilie, le strongman, la boxe, le cyclisme, les sports extrêmes, de nombreux athlètes professionnels sont devenus végétariens et ont remporté de nombreuses médailles. Mon but n'est pas de vous influencer pour devenir végétarien, d'ailleurs, je ne le suis pas moi-même. Mon objectif est simplement de vous pousser à réfléchir afin que vous puissiez trouver votre propre équilibre.

Si vous raisonnez avec un esprit analytique, vous comprendrez que la viande n'est qu'un intermédiaire, car les herbivores que l'humain consomme fabriquent toutes les protéines dont nous avons besoin. Observez la force et la puissance d'un éléphant ou d'un rhinocéros alors qu'ils ne se nourrissent que d'herbe ! Pour satisfaire nos besoins en protéines, il est nécessaire de consommer davantage de végétaux qui en sont pourvus (l'association légumineuses-céréales fournit des protéines de haute qualité). La viande doit être considérée comme un aliment de luxe, à consommer avec modération et seulement à certaines occasions.

L'équilibre doit être recherché dans tous les domaines. Comme je le dis souvent, le verre n'est ni à moitié vide ni à moitié plein, il est simplement à l'équilibre. Une surconsommation de viande augmente l'inflammation dans le sang et contribue à l'obstruction des artères, tandis qu'un régime basé sur les végétaux produit l'effet inverse. Si je peux vous donner un conseil, c'est de ne pas accorder trop de crédit aux idées erronées propagées par les lobbys de l'industrie agroalimentaire, que ce soit au sujet de la viande, de ses dérivés ou des produits laitiers, qui tentent de vous convaincre de leur bienfait pour la santé, à l'instar de ce qui a été tenté précédemment avec le tabac.

En ce qui concerne les produits laitiers, laissez-moi vous expliquer pourquoi ils ne sont pas aussi bénéfiques qu'on le prétend. Le lait de vache est loin d'être l'aliment naturel que l'on croit. Lorsqu'une vache met bas, elle produit en moyenne environ trois litres de lait par jour, soit suffisamment pour nourrir son petit. Ce lait contient tout ce dont le veau a besoin pour sa croissance ; il n'est pas trop épais et permet aux rayons du soleil de le traverser, favorisant ainsi la synthèse de la vitamine D. Nos ancêtres avaient bien compris cela et ne séparaient le veau de sa mère que le temps nécessaire pour la traite et la collecte d'une quantité limitée de lait. Ensuite, le veau était rendu à sa mère, et tout se passait harmonieusement.

Cependant, avec le développement de l'agriculture intensive, les producteurs ont cherché à augmenter toujours davantage le rendement pour accroître leurs profits. C'est ainsi qu'ils ont finalement opté pour la décision radicale de séparer définitivement le veau de la vache, afin d'accroître de manière spectaculaire la production laitière jusqu'à atteindre une traite de 30 à 50 litres par jour, selon les races bovines. Cette séparation cause un stress considérable à la vache, entraînant le développement de cancers mammaires en guise de réponse à ce stress. Ce cancer rend les mamelles rigides, car tout cancer est par nature dur. Il est généré par les microzymas (somatides), qui sont à l'origine de toute forme de vie dans tous les domaines. Ces microzymas créent des cellules, des virus, des bactéries, etc. De plus, chaque microzyma contient un cristal de silicium au centre, ce qui lui permet d'enregistrer et de transmettre l'information. D'ailleurs, il est important de noter que le silicium est utilisé dans tous les dispositifs de transmission d'informations, comme les téléphones portables et autres appareils.

Il est aisé d'imaginer la quantité de stress contenue dans le lait des vaches, ainsi que dans la viande, car le bœuf que vous consommez est en réalité de la vache. Le cancer abrège la vie de la vache, dont la durée de vie moyenne est d'environ vingt ans, alors que les vaches laitières ne vivent que cinq ans en moyenne, perdant ainsi les trois quarts de leur existence. Ce processus est similaire pour les poules en batterie et leurs œufs, ainsi que pour tout autre animal soumis à des mauvais traitements infligés par l'industrie agroalimentaire.

Vous comprenez désormais pourquoi les produits animaux que nous consommons aujourd'hui sont néfastes pour la santé. Vous saisissez également comment un cancer peut être déclenché par un choc psychosomatique majeur. Éloignez-vous des produits alimentaires industriels et rapprochez-vous des éleveurs qui respectent la vie animale et prennent soin de leur bétail.

J'aimerais à présent ouvrir une parenthèse et établir un lien avec la religion, plus précisément avec les attitudes recommandées envers les animaux. Les livres sacrés rapportent que Dieu a demandé à Abraham de sacrifier son fils. Cette épreuve visait à tester sa foi, et Dieu lui transmis ce message à travers un rêve. Abraham, par amour pour Dieu, s'était résolu à sacrifier son fils bien-aimé. Pendant ce temps, il exprimait tout son amour et sa compassion envers son fils à travers des gestes tendres et affectueux. Finalement, Dieu changea d'avis, et le sacrifice humain ne se produisit pas. Dieu remplaça Ismaël par un bélier au dernier moment. Abraham adopta la même attitude envers le bélier, le traitant avec respect avant de le sacrifier. C'est ainsi que nous devrions traiter les animaux que nous élevons pour leur viande. Le message est clair : la bienveillance doit être accordée aux animaux, que ce soit pour leur chair, leurs œufs ou leur lait. De cette manière, les aliments produits seront sains et exempts de stress.

En ce qui concerne la régénération, il est conseillé de se coucher avant 22 heures, dans une chambre sombre, sans perturbations telles que la télévision. Prendre dix grammes de vitamine C en poudre avant de se coucher peut favoriser la détente et le bien-être. Il est également recommandé de dormir en contact avec la terre, si possible, comme expliqué précédemment. Vous constaterez à quel point vos nuits deviendront paisibles.

Saviez-vous qu'une heure de sommeil avant minuit équivaut à deux heures après minuit ? Ne négligez pas cette période cruciale, car c'est pendant ces deux heures que vous produisez de la mélatonine et d'autres hormones favorisant la réparation et la régénération de vos fibres musculaires. Vous gagnerez ainsi progressivement en masse musculaire et en force. Ceci concerne la musculature visible de l'extérieur. Penchons-nous maintenant sur la musculature interne, en commençant par les muscles transverses profonds. Pour les solliciter, la technique du gainage classique est généralement utilisée. Bien que cette méthode soit utile, il est important de comprendre que simplement maintenir la position de gainage le plus longtemps possible n'affecte pas efficacement les muscles profonds. Au contraire, ces muscles ont tendance à se relâcher, le corps trouvant des moyens de tricher.

Je vais vous expliquer comment éviter cette éventualité et vous montrer comment réaliser un gainage efficace. Lorsque vous adoptez la position de gainage, en vous appuyant sur les coudes, maintenez-vous droit comme une planche, avec les mains à plat et les pieds tendus. Bien qu'une personne bien entraînée puisse tenir cette position pendant plusieurs heures, il existe un relâchement subtil et imperceptible de l'extérieur, entraînant la perte de tension musculaire. Cependant, vous pouvez empêcher cela en ajustant la posture. Au lieu de garder les pieds à plat sur le sol, positionnez-les contre un mur (à la même hauteur que le corps en gainage) et exercez une pression contre le mur avec vos pieds. Vous constaterez rapidement une nette différence : cette pression interne empêche toute tricherie. C'est ainsi que vous obtiendrez des résultats concrets.

Pour débuter, vous pouvez placer un petit disque plat contre le mur, poser vos pieds dessus, puis retirer le disque. Ensuite, placez vos pieds à plat sur le sol, tenez une barre dans l'axe d'un haltère avec les bras tendus pour maintenir l'équilibre. Une autre option consiste à utiliser deux ballons suisses (swiss balls) : posez vos pieds sur un ballon et vos coudes sur l'autre, puis maintenez l'équilibre le plus longtemps possible. Vous pouvez également réaliser cet exercice en tenant deux haltères carrés (pour empêcher la rotation) et en effectuant des pompes en glissant le long du mur avec vos pieds. Bien que ces exercices soient exigeants, ils s'avèrent très efficaces pour progresser rapidement.

L'UPPERCUT DE MA DÉLIVRANCE

En ce qui concerne les muscles ilio-psoas, leur renforcement peut s'avérer délicat, car ils sont fragiles. Il est donc préférable de privilégier les étirements plutôt que le renforcement. Selon mon expérience personnelle, ces muscles jouent un rôle considérable dans la puissance globale du corps. Ils contribuent aux mouvements des cuisses, des hanches et du bas-ventre. Les sauts des joueurs de basket, les sprints des coureurs et les frappes des boxeurs trouvent leur origine dans la zone des cuisses, des hanches et du bas-ventre. Une technique efficace pour les travailler consiste à s'asseoir sur les fesses, à une certaine distance d'un poteau (dos tourné vers le poteau). Enroulez un élastique autour du poteau et tenez une extrémité de l'élastique dans chaque main. Soulevez les jambes à environ dix centimètres du sol, puis rapprochez vos mains en tirant sur l'élastique. Au fil du temps, éloignez-vous progressivement du poteau pour augmenter la pression exercée sur l'élastique, tout en ajoutant du poids à l'extrémité de vos pieds. Effectuez des séries de dix répétitions.

Pour évaluer votre puissance, mettez-vous à genoux, placez vos pieds à plat et asseyez-vous sur vos talons, les fesses détendues entre vos pieds. En propulsant fermement vos cuisses, vos hanches et votre ventre tout en balançant vos bras, sautez pour atterrir sur la plante des pieds en position accroupie. Pour augmenter la difficulté, sautez sur une petite hauteur en utilisant des disques comme support, ou prenez des haltères dans chaque main.

À l'âge de vingt ans, sans être un sprinter professionnel, j'étais capable de courir un cent mètres en 10,06 secondes. De plus, je réalisais dix répétitions consécutives en squat avec une charge de 200 kilos. Mes performances incluaient également dix répétitions d'affilée en développé couché avec 140 kilos, ainsi qu'une répétition à 170 kilos. Par ailleurs, je parvenais à soulever 300 kilos en soulevé de terre. Dans ma jeunesse, j'étais doté de puissance, de rapidité, de vivacité et de dynamisme. À l'âge de quarante ans, ma force et mon endurance étaient remarquables.

Mon objectif actuel est d'atteindre un équilibre harmonieux entre la force, la puissance, l'endurance, la vivacité et la rapidité. Je suis convaincu que la clé de la réussite réside dans cet équilibre.

4. LA FRÉQUENCE

La fréquence a une grande importance en sport. Combien de fois par jour et par semaine faut-il s'entraîner ? Combien de temps doit durer un entraînement ? Vous devez savoir que pour progresser, il est primordial de s'entraîner le plus souvent possible, en fonction des buts que vous vous fixez. Dites-vous bien que le repos aussi fait partie de l'entraînement et que lorsque vous faites des étirements, vous travaillez ; même lorsque vous ne faites rien, eh bien vous travaillez.

Personnellement, je préfère pratiquer les entraînements du cœur et du souffle en matinée et à jeun, comme je vous l'ai expliqué plus haut. Travaillez donc votre cardio le matin à jeun, mais en alternant ainsi : une matinée de façon douce sur une durée d'une heure et la matinée suivante en fractionné comme expliqué précédemment.

Réservez les fins d'après-midi aux exercices musculaires, vous tirerez ainsi bénéfice du copieux repas de midi. Pendant une heure et demie (évitez de varier la durée de vos entraînements), travaillez en alternant un jour les muscles du haut, un jour ceux du bas et un jour les muscles plus profonds.

Quand vous travaillerez les muscles les plus petits, par exemple ceux des bras, vous pourrez inclure une séance pour exercer toute la zone abdominale. Dans la semaine, il est important que vous vous accordiez un jour de repos complet. Dédiez aussi un jour aux étirements : prenez le temps de bien vous étirer et travaillez votre mobilité.

J'ai un coup de cœur pour le CrossFit. Il consiste en des entraînements intenses, courts et variés qui permettent de travailler le cœur en même temps que les autres muscles, sur de courtes durées et à travers des mouvements et des exercices très variés. C'est un mélange d'haltérophilie, de gymnastique et de cardio intensif. Je me suis toujours entraîné de cette manière bien avant que ce sport ne devienne populaire, et cela en suivant mon instinct et mon ressenti. C'est pour moi le mode d'entraînement idéal. On peut ainsi faire un effort cardio en pratiquant un exercice de type rameur sur une courte durée mais avec intensité, puis varier avec un exercice musculaire du style soulevé de terre ou autre en enchaînant des répétitions de l'un et de l'autre en un temps prédéterminé. C'est un excellent moyen de parvenir à de meilleurs résultats. Quelle que soit votre discipline sportive de prédilection, vous pouvez lui associer deux journées hebdomadaires de CrossFit : vous constaterez rapidement une nette amélioration de vos performances.

Concernant la fréquence, je vous laisse commencer en douceur et ensuite accélérer graduellement jusqu'à ce que vous parveniez à allier brièveté et intensité. Pour ma part, je pratique les deux méthodes. J'aime les exercices courts d'une durée de vingt minutes mais très intenses comme j'aime ceux qui durent plus d'une heure tout en étant aussi intenses.

Il m'arrive souvent de faire un enchaînement de deux ou trois exercices intenses de vingt minutes en les ponctuant de courtes périodes de récupération. Dites-vous que les exercices courts vous feront gagner en cardio, en force et en puissance et que cela vous préparera à mieux attaquer les exercices longs.

L'UPPERCUT DE MA DÉLIVRANCE

Entre deux répétitions, ne prenez pas trop de récupération, pas plus d'une minute trente, et repartez aussitôt pour ne pas laisser le temps à votre cerveau de vous jouer des tours et vous faire croire que vous n'êtes pas capable de reprendre. Mettez à profit votre temps de récupération en respirant par le nez, jusqu'au cerveau tout en remplissant votre ventre en profondeur puis relâchez par la bouche en rentrant votre ventre et ainsi de suite. Apprenez à vite vous oxygéner en visualisant le rechargement de vos cellules, imaginez que vous constituez des stocks d'oxygène en vous.

Quand j'étais boxeur, je n'avais pas à me soucier du temps car c'est le gong qui m'alertait et me disait quand m'arrêter ou quand reprendre. Je n'utilisais pas mes yeux pour chercher un repère temporel et voir s'il me restait du temps ou pas. Je faisais confiance à mes oreilles pour cela. Je trouve que c'est une bonne technique d'utiliser un chronomètre mais sans le consulter, il suffit juste d'en entendre le cliquetis afin de ne plus se focaliser sur l'effort mais ressentir l'effet de surprise quand c'est fini, au moment où le tic-tac s'arrête.

Il y a une dizaine d'années (en 2009), je courais deux semi-marathons par semaine et je m'entraînais trois heures par jour en salle et six heures le jour du repos dominical. Certes, j'étais alors une vraie machine de guerre mais je n'avais rien compris et j'étais loin de me rendre compte que je me faisais alors plus de mal que de bien.

Oui, j'avais un tour de bras de cinquante centimètres et des cuisses énormes, mon cardio était parfait mais un jour, comme cela arrive à certaines personnes qui travaillent trop, j'ai fait un genre de burn-out sportif, une overdose d'entraînement : je ne parvenais plus à trouver le sommeil, même en prenant de la mélatonine, et j'avais perdu l'appétit. J'étais dégoûté du poulet des protéines en général tellement j'en consommais. J'ai été pris d'une grosse fatigue, une lassitude pesante doublée d'un dégoût profond pour le sport. Il m'a fallu du temps pour m'en remettre. J'avais commis l'erreur de négliger mes périodes de repos. J'en faisais trop et tout le temps, je ne dormais plus.

Je fabriquais trop d'endorphines et j'étais trop excité le soir pour dormir. J'étais devenu accro et esclave du sport, il fallait que j'en fasse plus tous les jours. Mes fréquences étaient quotidiennes et toujours revues à la hausse, ma course à la performance avait pris le dessus sur tout.

Mais heureusement, et grâce à mon travail qui me permettait de me déplacer à l'étranger, j'ai eu la chance de rencontrer des personnes formidables qui m'ont donné de bons exemples à suivre. J'avais perdu l'équilibre et il m'a fallu ensuite tout reprendre de zéro pour m'adapter à de nouvelles fréquences qui m'ont permis de renouer avec l'exercice physique. J'ai appris à vivre le sport au présent, dans son moment magique qui est maintenant.

5. LA MAGIE DU SPORT

Il m'aura fallu attendre l'âge de 43 ans pour commencer à véritablement saisir et assimiler la magie du sport. Pratiquer une activité sportive est généralement assez simple pour quiconque jouit d'une bonne condition physique, tant que l'on reste en dehors du domaine compétitif où l'exigence de surpasser les autres, de remporter un trophée ou de monter sur le podium est omniprésente.

Lorsque l'on pratique un sport à un niveau élevé, il ne suffit pas seulement de travailler intensément, mais il faut également faire de nombreux sacrifices. Peu importe les efforts fournis lors de

L'UPPERCUT DE MA DÉLIVRANCE

l'entraînement, le strict respect des régimes alimentaires et des contraintes imposées, voire même la mise en veille de sa vie personnelle, il faudra toujours en faire plus pour être le meilleur, et encore davantage pour maintenir ce statut.

Il ne peut y avoir qu'un seul meilleur. Pour y parvenir, il faut se démarquer des autres, se distinguer. Cependant, si l'on analyse la situation, vos concurrents partagent tous plus ou moins les mêmes attributs physiques que vous : deux jambes, deux bras, deux poumons, un cœur, une musculature similaire et la même capacité à effectuer les mêmes mouvements que vous. Mais malgré toutes ces similitudes, votre adversaire demeure supérieur. En dépit de tous vos efforts, vous ne parvenez pas à le rejoindre et vous le considérez comme une énigme.

La différence entre vous et lui réside ailleurs. Elle n'est ni physique ni visible. Elle relève du domaine de la magie. Oui, j'affirme bien que c'est de la magie, car il s'entraîne comme un magicien. Il met toute son âme et son esprit dans son entraînement. Il perçoit des éléments que vous ne percevez pas, entend des voix que vous n'entendez pas. Il vit dans son propre monde, un univers qu'il conçoit mentalement, et c'est là que réside le secret. Prenons un exemple : à une certaine époque, je pouvais soulever 300 kg en soulevé de terre. Pour accomplir cet exploit, j'ai dû créer un environnement mental propice. Je m'imaginais avec une concentration intense que j'étais un grand chêne, que mes pieds possédaient de profondes racines bien ancrées. En saisissant la barre, je visualisais que je devais soulever deux glands, un à chaque extrémité. J'imaginais une brise fraîche souffler et voyais des plumes s'envoler. Tout semblait léger et évanescent. La technique est simple : vous devez simplement faire preuve d'imagination, apprendre à vous concentrer, à ressentir des émotions vives. Le secret réside dans ces émotions, car elles ont le pouvoir de vous transformer.

L'UPPERCUT DE MA DÉLIVRANCE

Si vous parvenez à éprouver l'émotion de la réussite, avant même d'entamer l'épreuve, en vous persuadant que vous l'avez déjà accomplie avec succès, alors vous êtes sur la bonne voie. Vous devez anticiper le goût du succès avant même de l'avoir goûté. Devenez l'architecte de votre propre progression, créez des scénarios imaginaires et visualisez-vous en train de les réaliser pour ressentir les émotions que procure la victoire. Sentez le triomphe avant même de le réaliser concrètement. En apparence, cela peut sembler simple, mais cela exige une grande concentration. Pour atteindre le succès, vous devez apprendre à vous entraîner dans une salle bondée tout en ayant l'impression d'être seul au monde. Faites abstraction des personnes qui vous entourent. Elles sont là, bien sûr, mais elles ne vous voient pas. Imaginez que vous portez la cape d'invisibilité d'Harry Potter. Même si le public vous observe, il ne vous voit pas.

Asseyez-vous par terre contre un mur dans la salle d'entraînement et concentrez-vous sur votre pouls, en essayant de le ralentir en respirant calmement : inspirez par le nez et expirez lentement par la bouche, les yeux fermés. Pliez vos jambes et posez vos mains sur vos genoux tout en maintenant le dos bien droit. Coupez tout lien avec l'extérieur et essayez d'entendre les battements de vos organes internes. Détendez-vous et construisez votre séance d'entraînement dans votre esprit en vous concentrant sur l'ensemble de votre programme. C'est précisément à ce moment-là que vous devez programmer votre cerveau et vous convaincre, par le biais de vos émotions, que vous êtes réellement en train de l'exécuter. Faites cela pendant quinze à vingt minutes, puis commencez votre programme d'entraînement tout en restant immergé dans votre visualisation. Répétez cette pratique tous les jours, et avec de la patience et de la persévérance, vous réussirez à reprogrammer votre cerveau et à vous convaincre que vous l'avez déjà réalisé, ce qui vous aidera à l'exécuter avec succès.

L'UPPERCUT DE MA DÉLIVRANCE

À l'âge de 43 ans, j'affichais un poids de 110 kg et j'étais capable d'enchaîner dix squats à 200 kg de manière consécutive. Pour parvenir à cela, j'ai évidemment dû travailler intensivement mes fibres musculaires et développer des cuisses imposantes ainsi qu'un dos solide. J'ai progressivement augmenté les charges, avec une hausse de deux fois cinq kilos par semaine, jusqu'à atteindre ce résultat. J'ai commencé avec une relative aisance en réalisant dix répétitions à 150 kg, pour parvenir à 200 kg en cinq semaines seulement. Cette progression était énorme et très rapide. Bien sûr, ma génétique m'a avantagé, mais je suis convaincu que ma progression rapide était due à ma conviction quotidienne que j'avais déjà accompli l'exercice la veille et qu'il ne me restait qu'à le refaire. Cette approche m'a été fructueuse.

Cependant, avec le recul, si c'était à refaire, je n'adopterai pas la même méthode. Depuis, ma perception des charges lourdes a changé. À présent, je préfère soulever mon propre poids corporel autant de fois que possible et maintenir cet effort sur la durée. Je tenais simplement à expliquer comment la technique de la visualisation peut vous aider à devenir un champion, si tel est votre objectif. C'est une méthode exceptionnelle pour vous immerger dans le rôle d'un vainqueur, et c'est précisément ce que vous deviendrez si vous le désirez vraiment.

Tout individu peut augmenter sa masse musculaire, sa force, sa puissance et son endurance grâce à un entraînement régulier, une récupération appropriée et un objectif motivant. Beaucoup réussissent admirablement bien dans cet effort, mais peu sortent véritablement du lot. En effet, pour se démarquer et être "extraordinaire", il faut posséder ce petit quelque chose en plus que les autres n'ont pas : cette magie. Cet esprit magique fait toute la différence, et c'est lui qui distingue le commun des mortels ou le sportif ordinaire de l'exceptionnel, de l'unique, du rare...

L'UPPERCUT DE MA DÉLIVRANCE

Croyez en mon expérience, si votre but est de devenir le meilleur, alors vous devrez passer par ce processus. Vous devrez simplement intégrer à vos mouvements physiques un entraînement particulier pour votre esprit, afin qu'il vous transforme en réalisateur de vos aspirations. Vous serez à la fois le créateur de votre destin et l'acteur principal de la pièce, jouant un rôle riche en émotions. En adoptant l'identité de la personne que vous souhaitez devenir, vous ressentirez les émotions qui vous nourriront et vous convaincront que vous incarnez véritablement cette personne. En vous imprégnant de ce rôle, vous finirez par le devenir.

Le sport est une expérience à la fois physique et mentale, mais il est aussi teinté de magie. Vivez cette magie et devenez, à votre tour, un sorcier dans votre propre discipline. Dans le prochain chapitre, j'aborderai la méditation et vous montrerai comment l'intégrer à cette magie. Avant de conclure ce chapitre, je vais vous raconter une anecdote illustrant le lien entre le corps et l'esprit. À une période de ma vie, j'entraînais des champions dans diverses disciplines, principalement des boxeurs, ainsi que d'autres professionnels du sport. J'avais développé une méthode unique pour travailler les abdominaux, en utilisant un mur comme support. Les exercices étaient variés et complexes, et bien qu'il soit difficile de les décrire en détail, voici une idée générale de ce que cela impliquait :

– 25 répétitions x 2 : Allongé au sol sur le dos, les jambes fléchies, touchez en frappant votre pied avec votre main tout en pliant les obliques. En même temps, frappez fermement l'autre main sur votre ventre. Effectuez cet exercice 25 fois de chaque côté. Ce premier mouvement est assez spectaculaire, car les frappes génèrent un bruit significatif.

– 25 répétitions x 2 : Allongé au sol sur le dos, les jambes relevées à 90°, placez vos mains derrière vos tempes. Ramenez vos coudes alternativement vers le genou opposé tout en gardant les pieds à

90°. Répétez cet exercice 25 fois de chaque côté. Je nommais cet exercice les "ciseaux de la torture".

– 25 répétitions x 2 : Allongé sur le dos, les pieds à plat sur le sol et les jambes pliées à 90°, rapprochez vos deux mains du sol en les regardant. Cet exercice ressemble à un massage cardiaque, comme si vous massiez le sol avec vos mains.

– 25 répétitions x 2 : Toujours allongé sur le dos avec un pied contre le mur et l'autre jambe croisée sur le genou opposé, amenez le coude vers le genou opposé 25 fois, puis répétez de l'autre côté.

– 25 répétitions : Avec les deux pieds joints contre le mur à 90°, essayez de toucher vos talons avec vos doigts sans bouger les pieds du mur ni basculer.

– 25 répétitions : Collez vos fesses au mur et étendez vos jambes également contre le mur. Essayez de toucher le haut de vos chevilles avec vos doigts sans plier les jambes ni décoller les fesses.

– 25 répétitions : Relevez le haut de votre corps tout en tendant les jambes vers le plafond et en plaçant vos mains au sol.

– Ensuite, pour un bonus, effectuez des crunchs en tournant et en faisant un tour complet sur vous-même, d'abord d'un côté puis de l'autre. Une série complète de cet exercice sans interruption consiste en 250 répétitions consécutives. J'avais organisé quatre types de séries : la première, que j'appelais la série "Gonzesse" (sans intention sexiste), comportant 250 répétitions par série ; la deuxième, nommée la série "Mi-homme", avec 500 répétitions par série ; la troisième, la série "Homme", comprenant 1 000 répétitions par série ; enfin, la quatrième, baptisée la série "Surhomme", impliquant 1 500 répétitions par série. Il est important de noter que cette quatrième série a un effet positif sur le péristaltisme, car les contractions musculaires de l'intestin favorisent le transit et la régulation de l'élimination des selles.

L'UPPERCUT DE MA DÉLIVRANCE

J'ai créé cet exercice et j'étais personnellement capable d'accomplir la série "Surhomme". Il est intéressant de noter que de nombreux grands champions se sont arrêtés à la série "Homme". Un jour, un footballeur a voulu me suivre pour les 1 500 répétitions et a fait une hypoglycémie à la fin de l'exercice. J'ai dû lui donner de l'eau sucrée pour le rétablir. Seuls deux boxeurs professionnels ont réussi à aller jusqu'au bout des 1 500 répétitions, car ils estimaient qu'ils ne pouvaient pas échouer face à un défi que je réussissais malgré le double de leur âge. Ils ont utilisé des techniques spéciales pour y parvenir, mais cela leur a tout de même pris plusieurs semaines. Cependant, comme je leur disais toujours, cela ne constituait qu'un échauffement préalable au véritable travail en profondeur.

Tout cela était possible grâce à la pleine présence dans le moment. Si vous êtes préoccupé par la peur de l'échec avant même de commencer, vous vous projetez dans le futur. Si la peur vous bloque lorsque vous arrivez aux "ciseaux de la torture" (cette expression seule suscitait la crainte chez mes athlètes), vous vous ancrez dans le passé. La clé est d'être dans l'ici et maintenant, dans le moment présent, dès la première série, et de continuer ainsi avec les séries suivantes.

Certaines personnes qui avaient essayé cet exercice avec moi et qui en avaient souffert évitaient de le répéter par la suite. La peur découle souvent du stress, donc il faut agir rapidement et avec détermination pour la canaliser. Lorsque je pratiquais cet exercice, je me laissais souvent aller à un regard vague, délibérément, car cela me permettait d'avoir une sorte de vision en trois dimensions. Je pensais qu'il valait mieux voir le mur approcher de moi que l'inverse.

Ce que j'ai décrit n'est qu'un exemple parmi de nombreux autres. À vous de trouver les méthodes qui vous aideront à rester dans le moment présent. L'expérience m'a appris que seuls les bons moments passent rapidement, et quand cela se produit, vous êtes véritablement immergé dans l'instant intense qui est le présent.

Apprenez à apprécier ce que vous faites, soyez passionné et attentif. Apprenez à vous connaître et à vous aimer, faites preuve de compassion envers vous-même, et vous découvrirez que les guerriers les plus vaillants ont un grand cœur empli de compassion et d'amour.

Dans ce chapitre consacré au sport et à l'effort physique, je ne rentre pas dans tous les détails des exercices destinés aux sportifs que je coache, afin de cibler un public plus large. J'essaie simplement d'aller à l'essentiel pour m'adresser à tout le monde, qu'ils soient confirmés ou débutants.

CHAPITRE VI
LA MÉDITATION

« CELUI QUI MÉDITE VIT DANS L'OBSCURITÉ, CELUI QUI NE MÉDITE PAS VIT DANS L'AVEUGLEMENT, NOUS N'AVONS QUE LE CHOIX DU NOIR. »

VICTOR HUGO

Beaucoup de spécialistes ont écrit sur la méditation. Les bibliothèques sont abondamment garnies de rayons consacrés au développement personnel et regorgent de livres traitant de cette technique d'introspection.

J'en ai lu plusieurs et j'ai notamment tiré de précieuses leçons d'un auteur qui m'a particulièrement inspiré. Il est un véritable maître en la matière, et je peux vous citer le titre d'un de ses ouvrages : "Rompre avec soi-même". Ce livre a marqué l'un des premiers pas sur ma voie vers la méditation.

D'autres lectures ont suivi, toutes plus captivantes les unes que les autres. Dans ce chapitre, je ne cherche pas à vous les présenter en détail, mais plutôt à partager mon expérience personnelle.

Avant de me plonger dans la méditation, comme beaucoup de novices je présume, je ne prenais pas cette pratique au sérieux. En fait, je la considérais même avec une certaine réticence. J'étais imperméable et borné, ignorant de ma propre méconnaissance. Mon esprit était encombré de préjugés et de clichés simplificateurs. Naïvement, je pensais qu'il fallait s'exiler en retraite méditative, s'isoler du monde et se retirer dans un temple perché sur les hauts plateaux du nord de l'Himalaya pour recevoir l'enseignement des fameux lamas, ces moines bouddhistes du Tibet.

Bien entendu, j'avais tout faux. C'est justement grâce au livre précédemment cité que j'ai adopté un regard nouveau sur la méditation. J'ai appris à la découvrir, à l'assimiler, à l'apprécier et à la pratiquer, pour mon plus grand bonheur.

Rien n'arrive par hasard dans la vie, une réalité que j'ai souvent eu l'occasion de constater, et la méditation me l'a prouvé une fois de plus. Elle est apparue à point nommé, au moment où j'en avais le plus besoin. J'ai débuté mon initiation à la méditation en 2017, il y a donc peu de temps, mais il n'est pas nécessaire de méditer toute une vie pour en maîtriser les subtilités. Après tout, nous méditons tous à notre manière, sans même nous en rendre compte.

L'UPPERCUT DE MA DÉLIVRANCE

Même en tant que novice, je savais déjà comment ralentir mon pouls et respirer lentement pour entrer dans un état de concentration. Étant sportif, j'avais déjà quelques compétences qui me facilitaient la tâche. Au commencement, j'ai opté pour une méditation guidée intitulée "Le placebo, c'est vous", conçue par l'auteur mentionné précédemment. C'est une démarche simple : il suffit de lancer le fichier audio et de suivre les instructions. Avec un casque sur les oreilles, les yeux couverts d'un masque ou simplement fermés, confortablement assis sur une chaise ou dans un fauteuil, on se laisse guider par la voix et on suit attentivement les indications. La séance débute par une induction de quinze minutes environ pour se détendre et vider son esprit, suivie d'une ambiance sonore relaxante pendant quinze minutes supplémentaires, pour une détente encore plus profonde. La voix reprend ensuite pour expliquer comment travailler sur une croyance ou une perception afin de se reconstruire ou de se délester d'un fardeau.

Toutefois, au début, j'avais du mal à me laisser emporter, car je faisais preuve de résistance et des pensées me venaient perturber ma concentration. Ces pensées fugaces et dépourvues d'intérêt me dérangeaient et m'empêchaient de me focaliser alors que je devais les laisser de côté, m'efforcer de ne plus penser à rien, d'être presque rien, nulle part, comme si j'étais absent. Réussir à ignorer à la fois le monde extérieur et mes pensées intérieures constituait le véritable défi.

Pour faire le vide en moi, il fallait d'abord éliminer toutes les pensées futiles qui tiraillaient mon esprit. J'ai réalisé que la seule façon d'y parvenir était de nettoyer mon esprit et de le reprogrammer. J'ai donc cessé de regarder la télévision et d'écouter les informations. Il est scientifiquement établi qu'en changeant ses habitudes et en maintenant ce changement pendant plus de vingt et un jours, le cerveau se reprogramme, comme s'il avait été réinitialisé. Une fois à ce stade, mon esprit n'était plus rempli d'images de drames qui secouent le monde, et j'avais également banni les publicités diffusées à longueur de journée à la télévision. Sans même m'en rendre compte, j'avais purifié mon esprit.

Les publicités s'insinuent dans vos pensées sans que vous en ayez conscience. Elles vous captent comme un refrain obsédant que vous ne pouvez plus arrêter de fredonner. Un jour, alors que ma fille de six ans chantait en boucle « zéro tracas, zéro blabla, MMA… », je lui ai demandé où elle avait entendu ce refrain. Elle m'a répondu qu'elle ne s'en souvenait plus. Cela illustre à quel point la publicité pollue insidieusement l'esprit : elle vous saisit à votre insu et fait de vous sa marionnette.

En me lançant dans la méditation, j'ai peu à peu réussi à chasser toutes les pensées fugaces que les médias avaient semées dans mon esprit. Cependant, certaines pensées plus tenaces se sont révélées difficiles à éliminer, particulièrement celles liées à ma vie quotidienne, ma famille et mon travail. Pour m'en libérer, j'ai créé un espace dédié à la méditation. À chaque fois que je pénétrais dans cet espace, je me parlais intérieurement et prenais la résolution de laisser derrière moi tout ce qui concernait ma vie privée et mon travail.

Afin d'être sûr de ne pas être dérangé, je me levais très tôt, ce qui constituait un avantage certain. Au réveil, l'esprit se trouve à mi-chemin entre l'éveil et le sommeil, en zone bêta, ce qui engendre une certaine tranquillité. Confortablement installé dans mon fauteuil, avec mes cuisses et genoux soutenus par des coussins, j'adoptais la posture du lotus. Je préparais mon masque, mon casque et mon téléphone connecté à une musique relaxante. Puis, je ralentissais mon pouls en respirant lentement et me laissais emporter par la musique. J'imaginais plonger dans un noir cosmique profond. Cependant, ma technique n'était pas encore parfaitement maîtrisée. J'ai donc intégré un exercice de visualisation pour concentrer mon regard sur une image mentale, ce qui me permettait de passer plus aisément à la méditation profonde.

C'est ainsi que j'ai découvert la pratique du phosphorisme. Cette méthode consiste à fixer pendant une minute une ampoule incandescente givrée plein spectre de 75 watts, tout en se concentrant sur une pensée ou en laissant le vide s'installer en soi. Ensuite, on éteint l'ampoule à l'aide d'une télécommande que l'on garde à portée de main, puis on ferme les yeux. Apparaissent alors des formes de couleur jaune, puis rouge, et enfin bleue (les phosphènes). On les observe en restant concentré pendant au moins trente secondes, et l'opération est répétée plusieurs fois. Cette pratique prépare à enchaîner directement avec la méditation, en maintenant une concentration sur le vide absolu. Outre cette utilité, le phosphène présente d'autres vertus, comme renforcer la concentration et améliorer la mémorisation. Si le sujet vous intéresse, de nombreux livres détaillent cette technique avec toutes les précisions nécessaires.

Après avoir suivi quatre séances de phosphènes, ce qui ne prend qu'une dizaine de minutes, je suis passé directement à la méditation. J'ai constaté que j'étais bien plus réceptif à mon calme intérieur, ressentant des frissons dans la gorge et le cœur. Enfin, quelque chose se produisait, et je perdais la notion du temps. Ainsi, j'ai affiné ma technique de méditation et je pratique désormais pendant une heure en général, guidé par une musique relaxante. Le temps perd toute signification, et il me semble n'avoir médité que quelques minutes. Une fois la séance terminée, je me sens léger et plein de confiance. Je sais que la journée sera merveilleuse, et un bonheur que j'ai envie de partager avec tout le monde m'envahit.

Je suis conscient qu'il s'est passé quelque chose de positif pendant ce moment, et cette expérience me rend souriant et joyeux toute la journée. Je déborde d'énergie et de fraîcheur. Je suis même impatient d'être déjà demain matin pour recommencer cette méditation et revivre ces sensations. C'est une expérience gratifiante et nourrissante, comme si j'avais allégé mon être d'un fardeau et que je m'étais connecté à une source d'énergie pour me régénérer.

Ainsi, j'ai évolué de la méditation guidée, une excellente initiation, vers une pratique associant des exercices de respiration, pour finalement fusionner avec les phosphènes. J'ai décidé d'explorer la méditation de style tibétain et les mantras. À ce moment-là, j'ai réalisé qu'il n'était pas nécessaire de prendre les moines vêtus d'orange comme modèle absolu pour apprendre à méditer. D'ailleurs, leur mode de vie diffère grandement du nôtre sur le plan social et culturel. Vivant isolés dans leurs monastères, coupés de tout et de tous, ils mènent une existence célibataire, sans travail, et échappent aux soucis de loyer et d'assurance. Leur réalité est distincte de la nôtre, évoluant dans un univers à part. Ils se consacrent à leurs rituels et traditions méditatives, distillant sagesse et connaissances spirituelles, mais demeurent éloignés des tracas qui émaillent notre monde moderne.

J'ai fini par m'émanciper de leur modèle et ai arrêté de lire les ouvrages qui leur étaient consacrés. J'ai ressenti le besoin d'une méditation en phase avec notre réalité contemporaine, un monde où nous travaillons, interagissons avec les autres, fréquentons restaurants et cinémas. Ma vie ne se déroulait pas dans un monastère en marge de la société, et je prenais plaisir à vivre en famille, à travailler, à profiter de loisirs et à bénéficier d'un accès illimité à la culture, notamment à travers la lecture.

Les yogis ne sont pas assaillis par les pensées fugaces ; ils ignorent les tracas de la vie quotidienne et en sont préservés, car ils vivent dans un monde qu'ils ont réduit à son essence la plus simple. Ils s'alimentent sobrement, bricolent parfois, dorment et consacrent le reste de leur temps à la méditation. Ils peuvent bien avoir leurs soucis, mais ceux-ci diffèrent des nôtres. J'ai compris que la méditation est plurielle et que chacun doit l'adapter à sa propre existence, plutôt que de l'assimiler à celle des autres. Même si certains modèles semblent convenir à un grand nombre, il est important de personnaliser sa pratique.

Pour ma part, le moment le plus propice à la méditation demeure tôt le matin. Une fois que l'esprit est purgé des pensées fugaces et que les sources de pollution sont écartées, on peut s'adonner à quelques exercices de phosphènes pour perfectionner sa concentration. La véritable phase de méditation commence ensuite en écoutant une musique douce et apaisante, dans un espace où les problèmes de la vie quotidienne ne trouvent pas leur place. Installé confortablement sur un canapé, vêtu d'un survêtement ou d'un short, le confort prévaut. On évacue le tumulte en soi et autour de soi, jusqu'à devenir rien, nulle part, à aucun moment. En quelque sorte, on cesse d'exister.

C'est dans ce vide profond qu'une régénération s'opère. À la sortie de la méditation, une sensation d'éveil accru se manifeste : vous êtes littéralement en alerte. Par "éveil", j'entends votre instinct, votre intuition et vos sens. Ils se révèlent plus affinés et votre vigilance est accrue. Depuis que j'ai appris à méditer, tout m'apparaît nettement plus clair. Je discerne instantanément entre le oui et le non, entre le bien et le mal. Ma lucidité s'est renforcée, les doutes se sont estompés et l'assurance règne, quelle que soit la question.

Mon regard s'est transformé, mon toucher a gagné en subtilité, de nouvelles fragrances me parviennent, mes oreilles captent mieux les sons et mon palais affine ses goûts. Je suis empreint de bonheur et de sourires, même face aux inquiétudes de la vie moderne, car au plus profond de moi, je perçois ces obstacles comme des défis aisément surmontables. S'ils semblent me faire régresser, c'est uniquement pour me donner l'élan nécessaire afin de franchir des distances toujours plus grandes.

L'UPPERCUT DE MA DÉLIVRANCE

À force de baigner dans le quotidien, nous apprenons à nous y mouvoir et même à devenir d'excellents nageurs. C'est en entrant dans l'eau qu'on apprend à nager, non en s'en éloignant. Voilà toute la distinction entre la pratique et la théorie. Plus l'eau dans laquelle vous évoluez est trouble et agitée, plus méritoire est votre maîtrise en tant que nageur. Cependant, si vous fuyez l'eau, vous ne deviendrez qu'un nageur médiocre au mieux. L'objectif de la méditation est d'éveiller votre propre monde, l'univers dans lequel vous évoluez, et non celui des autres.

N'adoptez pas une position de retrait comme le font ces yogis et moines qui se cloîtrent dans des monastères, temples ou grottes pour échapper aux influences néfastes et aux tentations. Vous, vous vivez dans le monde réel, entourés de biens matériels qui ne sont en rien diaboliques. Vous évoluez en phase avec votre époque, c'est pourquoi la méditation doit se plier aux circonstances spatio-temporelles.

Il y a un an, j'ai traversé une expérience difficile que j'ai surmontée grâce à la méditation. J'étais en voyage dans un pays éloigné de chez moi et me trouvais au bureau. C'était le matin et j'ai ressenti un lâcher-prise au niveau de l'abdomen, en bas à droite, dans la région du péritoine. J'ai été pris de sueurs et de violents frissons, un malaise qui m'a quelque peu étourdi.

Je me suis rapidement rendu aux toilettes, où l'envie de vomir m'a saisi, sans résultat. De retour à mon bureau, j'ai surmonté ces sensations. J'ai rapidement compris la nature de ma situation. Avec le recul, je me suis souvenu que plus tôt dans l'année, j'avais ressenti à cet endroit de petites pulsations électriques, suivies d'éruptions cutanées.

En juillet, mon fils avait invité son meilleur ami chez nous. Comme je l'ai trouvé pâle, il m'a expliqué qu'il avait été hospitalisé et se remettait d'une intervention chirurgicale. Son père, médecin, avait diagnostiqué rapidement une péritonite, ce qui avait permis de l'opérer à temps. Malgré tous ces indices, je n'avais pas alors établi de lien avec ma propre situation. Pourtant, tout concordait : les pulsations, les éruptions et finalement, le message on ne peut plus clair délivré à travers le récit de l'ami de mon fils. Je n'avais pas fait le rapprochement entre sa péritonite et les symptômes que je présentais, je n'avais pas suffisamment prêté attention à mon corps pour comprendre ces signes et les interpréter.

Ce n'est qu'après coup que j'ai compris ce qui m'arrivait. Une rétrospective rapide m'a permis de réaliser que mon appendice avait éclaté dans mon péritoine. Cependant, en raison de mes mauvais souvenirs des hôpitaux du pays où je me trouvais à ce moment-là, je n'envisageais pas une seule seconde de subir une opération là-bas. Il me restait encore trois semaines de travail avant de prendre du repos, et pour ne pas inquiéter ma famille, je n'ai pas souhaité précipiter mon retour à la maison.

J'ai alors consacré mes méditations quotidiennes à cette région de mon corps, en dirigeant toute ma concentration vers elle. Je m'imaginais en train de désinfecter l'intérieur de mon abdomen, comme un chirurgien accompli. Je méditais tôt le matin et en soirée avant de me coucher, et même après le repas de midi, au bureau. J'ai médité trois fois par jour, voire plus, particulièrement quand je ressentais de la douleur, la méditation contribuant grandement à l'atténuer.

Je faisais également de l'exercice physique chaque jour et je me baignais dans la mer. À tout cela, j'ajoutais des lavages réguliers du côlon pour purifier mon organisme. Cela est excellent pour la santé, à condition de ne pas en abuser. Encore une fois, tout est une question d'équilibre.

Les jours ont passé et le matin de mon départ est arrivé. Au réveil, en me dirigeant vers la salle de bains, j'ai subitement chuté à genoux, saisi par la douleur, en sueur et tremblant. J'ai repris mes esprits, rassemblé mes forces et réussi à marcher jusqu'au canapé où je me suis assis. En concentrant ma méditation sur la partie douloureuse de mon corps, au bout d'une demi-heure, j'ai ressenti le besoin d'aller aux toilettes. Cela a été libérateur, je me suis senti en meilleure forme et la crise semblait passée. J'ai préféré ne rien manger, me suis habillé, puis mon chauffeur m'a conduit à l'aéroport. J'ai été très prudent dans tous mes mouvements, demandant de l'aide pour éviter de soulever ma valise.

Tout s'est bien passé jusqu'au décollage. Cependant, une fois en altitude, j'ai été de nouveau saisi de frissons. J'ai ressenti le besoin d'être seul, j'ai donc couvert mes yeux, mis mon casque et commencé à méditer, me concentrant sur le fait que j'étais seul et que rien ne pouvait m'arriver. J'imaginais que tout se déroulerait comme je l'avais programmé dans mon esprit. À mon arrivée à l'aéroport de Bâle, j'ai récupéré ma valise et me suis dirigé vers le taxi qui devait me ramener chez moi.

Cinquante minutes plus tard, j'étais de retour à la maison. J'ai fait mine d'aller bien, embrassé ma femme et mes enfants, dont ma petite fille de cinq ans qui a sauté dans mes bras et que j'ai dû soulever. Je l'ai portée sans montrer de signe de faiblesse et nous sommes rentrés à la maison. Après nous être attablés, nous avons partagé un excellent repas. Fatigué, j'ai décidé d'aller me coucher, car j'avais grand besoin de repos.

Cependant, vers cinq heures du matin, de légères douleurs dans le bas du ventre m'ont réveillé. Je suis descendu au salon et me suis installé sur le canapé pour méditer. À la fin de ma méditation, qui a duré près d'une heure, j'ai de nouveau ressenti le besoin de me soulager, puis je suis retourné au lit.

Au réveil, j'ai ménagé mes forces autant que possible. C'était un dimanche, et pour notre famille, le petit-déjeuner dominical est sacré, une belle occasion de passer un bon moment et de discuter de tout et de rien. Une fois le repas terminé, j'ai demandé à mon fils de m'emmener aux urgences de Belfort. Mon épouse m'a immédiatement interrogé sur les raisons de cette démarche. Je lui ai répondu qu'il n'y avait pas lieu de s'inquiéter, que c'était une appendicite et que je devais me faire opérer. À mon arrivée à l'hôpital, j'ai expliqué mes symptômes au médecin et partagé mon propre diagnostic : mon appendice avait éclaté, et une opération était nécessaire. Naturellement, il a refusé de me croire, car mon apparence ne laissait rien présager d'alarmant, d'autant que je ne semblais pas vraiment souffrir.

J'ai subi une série de tests et une prise de sang, mais rien d'anormal n'a été détecté. Après quatre heures, on m'a soumis à un scanner, et ce n'est qu'après cela que le chirurgien, tout à coup très inquiet, est venu me voir pour m'annoncer qu'une opération d'urgence était nécessaire. J'avais développé une péritonite aiguë avec un abcès de plus de cinq centimètres dans l'abdomen. Il m'a tendu un téléphone, et j'ai pu appeler mon épouse pour lui annoncer que je devais immédiatement passer sur la table d'opération.

Comme elle n'a perçu aucune panique de ma part, elle a compris que tout irait bien. Le chirurgien m'a confié que le problème devait être présent depuis une quinzaine de jours au moins, vu l'ampleur de l'infection. Il ne comprenait pas comment j'avais pu survivre jusqu'alors. Je lui ai répondu que cela faisait trois semaines, et je le savais. Évidemment, il ne m'a pas cru.

Je me suis réveillé dans un lit d'hôpital, relié à plusieurs perfusions. J'ai demandé à l'infirmière de ne pas me donner de médicaments, ni d'antalgiques. Pour être honnête, je ne vais pas prétendre que tout s'est déroulé sans douleur. L'intervention chirurgicale a laissé une incision de douze centimètres sur mon abdomen, et j'ai beaucoup souffert. Cependant, je me suis efforcé de me concentrer au mieux sur ma méditation, ce qui m'a permis de sortir de l'hôpital après cinq jours, un vendredi. Quatre jours plus tard, soit le mardi, j'ai pris l'avion pour retourner au travail. Bien entendu, j'ai pris soin de ménager mon corps jusqu'à ce que je puisse reprendre une vie normale.

Dans ma famille, mon père, une sœur et deux de mes frères ont été opérés d'une péritonite aiguë. Tous ont été diagnostiqués précocement et ont été hospitalisés en urgence le jour même. Ils ont terriblement souffert et ont mis du temps à se rétablir. Eux aussi ont du mal à croire que j'ai supporté la douleur pendant trois semaines. Ils savent très bien à quel point elle est insoutenable.

Mon corps m'avait envoyé des signaux que je n'ai pas su interpréter. Des événements qui auraient pu m'alerter se sont produits, mais je n'ai pas su en comprendre la signification. La méditation est entrée dans ma vie au moment où j'en avais le plus besoin, et sans elle, je ne serais peut-être plus de ce monde.

J'ai appris à méditer dans la magnifique suite diplomatique d'un hôtel cinq étoiles en bord de mer, avec sa propre plage privée. Je n'ai pas eu besoin de me retirer dans une sombre grotte au fin fond du Tibet, et cela a porté ses fruits. La méditation ne m'a pas guéri ni opéré, mais elle m'a permis d'être patient et d'endurer ma douleur jusqu'au moment opportun de la libération.

J'ai partagé cette expérience de ma vie pour vous faire comprendre à quel point la méditation peut vous aider à vous sentir mieux à la fois intérieurement et extérieurement, renforçant à la fois votre être intérieur et extérieur. Pour moi, c'est comme ériger des boucliers invisibles autour de soi. Ma méthode personnelle consiste à me concentrer sur l'une des sept principales glandes endocrines : la glande pituitaire (fontanelle), la glande pinéale (épiphyse), le thymus (cœur), la thyroïde (gorge), le plexus solaire (surrénales et pancréas) et la glande coccygienne (périnée).

L'UPPERCUT DE MA DÉLIVRANCE

Lors de certaines de mes méditations, j'aime me focaliser sur l'une de ces glandes et m'y concentrer en imaginant que je la purifie, que je la décalcifie, en particulier la glande pinéale, qui peut être calcifiée à cause du fluor.

Ces sept principales glandes émettent une aura protectrice tout autour du corps, comme un bouclier invisible, un peu à la manière de la couche d'ozone ou de la ceinture de Van Allen qui protègent la planète, sans être visibles à l'œil nu. De nos jours, en raison du mode de vie altéré que nous menons au nom du progrès technologique et scientifique, la pollution et l'alimentation altérée nous ont dépouillés de nos protections et nous laissent vulnérables.

Lors de la méditation, il est essentiel de se concentrer sur une de ces glandes et de travailler dessus, en imaginant que l'on tisse un vêtement tout autour de nous, qui nous enveloppe de la tête aux pieds. En partant de la glande coccygienne pour remonter jusqu'à la glande pituitaire, imaginez sept couches et attribuez un numéro à chacune, de un à sept. Par le biais de la méditation, apprenez à tisser ces sept couches de vêtements, en attribuant une couleur différente à chacune. On dit que chaque glande est reliée à un méridien qui aboutit à la main dominante.

La première (glande coccygienne) est reliée au poignet, la deuxième (testicules et ovaires, dans la région du bas-ventre) est reliée au pouce, la troisième (surrénales, dans la région abdominale) est reliée à l'index, la quatrième (thyroïde, dans la région du cou) est reliée au majeur, la cinquième (thymus, au niveau du cœur) est reliée à l'annulaire (ce doigt est curieusement piqué par les diabétiques), la sixième (glande pinéale, également appelée le troisième œil) est reliée à l'auriculaire et la septième (glande pituitaire, dans la région de la fontanelle) est reliée à la paume de la main.

Si vous purifiez toutes ces glandes endocrines grâce à une alimentation appropriée et à la méditation, vous libérerez les énergies qui y circulent. Par exemple, il n'est pas étonnant que beaucoup de personnes dans le monde utilisent le pouce, l'index et le majeur pour manger avec les mains : le majeur est lié à la gorge (ingestion), l'index à l'abdomen (digestion) et le pouce est lié au bas-ventre (élimination). Les énergies qui circulent dans ces trois doigts devraient vous aider à mieux manger, digérer et éliminer. Ces méridiens contribuent à votre bien-être et à l'amélioration de votre santé. La méditation est un élément clé pour soutenir ce processus. Apprenez à vous concentrer sur ces glandes pendant vos séances de méditation afin de les purifier et de renforcer leur rôle dans la circulation des énergies à travers ces méridiens.

Il existe une autre technique très efficace pour aider à libérer certains méridiens et ainsi surmonter les peurs génératrices de stress. Cette technique est appelée EFT (Emotional Freedom Techniques). Elle a été simplifiée par un ingénieur américain à partir d'une autre méthode, la TFT (Thought Field Therapy), inspirée elle-même de la culture chinoise. L'EFT consiste à conditionner mentalement en répétant une phrase, que l'on ajuste au fur et à mesure que l'on se rapproche de la vérité. Pour pratiquer l'EFT, il faut tapoter certains points spécifiques de la tête, du visage, du torse et des mains tout en répétant la phrase. Des sites internet et des livres fournissent plus de détails sur cette technique si vous souhaitez en apprendre davantage. Mon but est de vous expliquer comment l'appliquer de manière efficace.

Laissez-moi vous expliquer comment j'ai utilisé l'EFT pour aider une personne souffrant de troubles enracinés dans son enfance. J'ai commencé par collaborer avec elle pour formuler une phrase qui se rapprocherait le plus possible de la vérité. La formulation initiale était : « Même si j'ai peur de décevoir mon père, je m'aime et m'accepte tel(le) que je suis ». Cette phrase servait de point de départ, et elle la répétait pendant le tapotement des points mentionnés précédemment.

Ensuite, elle évaluait le degré de pertinence de la phrase, sur une échelle de un à dix. Elle lui attribuait une note de trois, ce qui indiquait un faible degré de satisfaction. J'ai ensuite continué à creuser avec elle pour découvrir pourquoi elle avait peur de son père. La phrase a été reformulée ainsi : « Même si j'ai peur de mon père car il est distant, je m'aime et m'accepte tel(le) que je suis ». À la fin du tapotement sur tous les points, elle a attribué un niveau de satisfaction de cinq.

Nous avions progressé, mais il fallait continuer à creuser. J'ai continué à lui poser des questions pour qu'elle puisse s'exprimer davantage, ce qui a entraîné une nouvelle modification de la phrase : « Même si j'ai peur que mon père ne m'aime pas, je m'aime et m'accepte tel(le) que je suis ». À ce stade, sa satisfaction était évaluée à huit sur l'échelle.

Poursuivant vers un niveau de satisfaction de dix, j'ai décidé de parler à son père pour connaître la vérité, avec son accord. Après notre conversation, la phrase s'est précisée : « Même si mon père me déteste car il pense que j'ai gâché sa vie, je m'aime et m'accepte tel(le) que je suis ». Cela a eu un effet magique ! Elle se sentait nettement mieux et a évalué son niveau de satisfaction à dix, sans aucune hésitation. Depuis, elle a appris à anticiper les crises d'angoisse. Chaque fois qu'elle sentait une crise approcher, elle appliquait cette technique, et en moins de cinq minutes, elle se sentait beaucoup mieux.

L'EFT peut également améliorer vos séances de méditation en libérant les méridiens par lesquels circulent les énergies. Elle vous aide également à combattre vos peurs, vos phobies et vos angoisses. Cette technique est ingénieuse, car elle stimule plusieurs méridiens simultanément, quatorze pour être précis, puisqu'on ne sait pas toujours lequel est bloqué.

L'UPPERCUT DE MA DÉLIVRANCE

Je n'aborderai pas ici le sujet de la PNL (Programmation Neuro-Linguistique), qui est une autre technique plus complexe et nécessitant un accompagnement. Dans ce livre, je préfère me concentrer sur des choses simples et accessibles à pratiquer seul, sans avoir à dépenser de l'argent. J'ai dû persévérer pendant de nombreuses séances pour ressentir les premiers bienfaits de la méditation, qui m'ont finalement sauvé la vie et me permettent aujourd'hui de vivre pleinement.

Un soir, pendant l'une de mes méditations, j'ai vécu une situation très étrange, ce qui m'a conduit à une nouvelle compréhension. C'était une soirée d'hiver, et j'étais dans ma suite à l'hôtel. Il devait être 21 heures, et je m'apprêtais, comme d'habitude, à méditer. J'avais allumé une bougie et éteint les lumières pour être dans la pénombre. Je me suis installé confortablement en position de lotus, avec de gros coussins sous mes genoux pour plus de confort.

J'avais mon casque sur les oreilles et je voulais me concentrer sur des mantras tibétains que je désirais essayer. J'ai commencé par fixer la flamme d'une bougie en guise de point de focalisation (je ne porte pas de masque quand j'utilise une bougie) et j'ai fermé les yeux au moment où je sentais que je m'éloignais.

J'étais concentré depuis un bon moment, l'atmosphère était différente, je ressentais comme une présence, avec la nette impression d'être observé. Cette sensation devenait de plus en plus oppressante et je commençais à frissonner d'inquiétude. Étrangement, je ressentais de la peur mais en même temps j'étais rassuré. Cette entité était là, je la percevais et je sentais qu'elle m'observait.

Elle me procurait une sensation déplaisante, un genre de gêne mêlée de confusion, mais elle n'avait rien d'hostile ni de malveillant, je ne me sentais pas en danger. Au moment où j'ai ouvert les yeux, j'ai compris ce qui m'arrivait, j'en fus effrayé et soulagé en même temps.

Je me suis vu en train de m'observer moi-même, conscient que le côté sombre en moi observait le côté bon. J'avais déjà vécu à plusieurs reprises des expériences de paralysie du sommeil et soudainement, tout devint clair pour moi. Je dis bien "pour moi" car je ne fais que tirer une déduction toute personnelle.

En chacun de nous résident un côté bon et un côté mauvais. C'est quand nous nous efforçons de supprimer ce côté sombre en nous qu'il se manifeste de l'extérieur et nous effraie. Il nous semble alors faire face à une présence maléfique qui cherche à nous posséder, mais en vérité, il ne s'agit que de nous-mêmes. Cette entité n'est autre que notre propre être. Depuis que j'ai compris cela, je n'ai plus jamais expérimenté de paralysie du sommeil. À travers la méditation, je progresse même dans l'effacement de ce côté maléfique en moi.

Certaines personnes expliquent que lors de leurs méditations, elles communiquent avec des entités. Je ne vais pas les discréditer ; il est possible qu'elles aient leurs raisons de penser ainsi. En ce qui me concerne, je crois que la communication n'est qu'avec soi-même.

En nous réside un potentiel puissant mais souvent négligé et peu développé, voire pas du tout. Ce côté magique mais inexploré peut pourtant ouvrir des portes vers notre moi intérieur et d'autres niveaux de conscience. Par la méditation, il nous aide à nous percevoir et à accéder à d'autres dimensions.

Je ne sais pas si mes explications sont convaincantes ; elles sont le fruit de ma réflexion personnelle. Ce n'est que mon point de vue, et il n'est pas facile de l'exposer de manière objective, mais je pense qu'il ouvre une nouvelle perspective qui mérite d'être considérée. Ou méditée. Chacun peut aborder la méditation à sa manière, individuellement ou en groupe. Je suis d'ailleurs convaincu qu'une méditation collective possède davantage de puissance et d'impact, car elle génère un champ amplifié.

L'UPPERCUT DE MA DÉLIVRANCE

Trouvez la voie qui vous convient le mieux et l'endroit qui vous semble le plus approprié, puis lancez-vous dans la quête de vous-même. Explorez votre propre être et mettez en lumière progressivement toutes les zones d'ombre en vous. Inondez d'amour toutes les parties empreintes de haine qui résident en vous.

CHAPITRE VII
LES RELIGIONS, LES DOCTRINES ET LES CROYANCES

« LA SCIENCE SANS RELIGION EST BOITEUSE, LA RELIGION SANS LA SCIENCE EST AVEUGLE. »

ALBERT EINSTEIN

J'ai hésité à aborder le sujet des croyances, conscient de sa nature délicate et divisée. Les religions sont souvent au cœur de vives polémiques, parfois même à l'origine de conflits tragiques. Même s'il est difficile de trouver un consensus qui n'offusque personne, je reste convaincu que ce chapitre a sa place dans ce livre, ne serait-ce que pour contribuer à apaiser un peu de malaise et, pourquoi pas, inspirer la quiétude et la sérénité.

L'UPPERCUT DE MA DÉLIVRANCE

Mon intention est de partager mon point de vue en me référant à mon expérience personnelle. Mes opinions n'engagent que moi, mais je tiens à souligner que c'est grâce à la pratique des principes que j'ai exposés dans les six premiers chapitres que j'ai pu appréhender plus clairement les questions relatives aux religions, aux doctrines et aux croyances. Je ne prétends pas détenir la vérité absolue, bien au contraire, mais je peux vous assurer que depuis que j'applique ces principes, de nouvelles perspectives se sont ouvertes à moi. La vie est devenue plus simple et souriante, et je l'aborde maintenant avec sérénité, lucidité et sagesse.

Les religions et les croyances forment un domaine vaste et complexe. Une religion peut se fonder sur la croyance en un être tout-puissant, une entité spirituelle, matérielle ou même abstraite, parfois associée à un nom et/ou une représentation visuelle. Les rituels des différentes religions servent à approfondir et renforcer la foi, à répondre à des besoins spirituels et à trouver un apaisement, un allègement de fardeaux. Certains iront même jusqu'à s'infliger des douleurs corporelles au nom de leur foi, comme s'ils accomplissaient un acte de dévotion.

Cependant, la religion peut prendre de multiples formes. Dans le domaine du sport, par exemple, certains supporters et admirateurs passionnés idolâtrent des champions ou des équipes, et sont prêts à tout pour assister à un match ou à une compétition. Cette passion peut souvent atteindre des extrêmes et donner lieu à des excès en tout genre, voire déclencher des comportements violents. Lorsque leur équipe favorite gagne, ils ressentent une grande joie, mais s'ils perdent, une colère démesurée les envahit. Ces émotions intenses peuvent rapidement se transformer en désastre.

Dans ce contexte, quelle est la place du bien-être ? Comment peut-on justifier l'idée qu'il faut souffrir ici-bas pour mériter le bonheur dans l'au-delà ? Pourquoi faudrait-il traverser une existence marquée par les privations, les sacrifices et les épreuves pour accéder à une vie meilleure après la mort ? Est-ce vivre vraiment que d'être pris en étau entre la peur de l'enfer et la promesse du paradis ?

Pour ma part, je considère que l'essentiel est le bien-être. Celui-ci ne devrait pas être subordonné à des conditions ni lié à une religion particulière. La règle est simple : je vis pour être heureux et me sentir bien, et toute chose qui entrave ce bien-être n'a pas sa place dans ma vie. Si une pratique religieuse m'entrave ou me pèse, si elle m'empêche d'être épanoui et heureux, elle devient alors un obstacle sur mon chemin.

Le corps n'a pas à subir de tortures physiques au nom de préceptes religieux. Les rituels violents ne sont que le fruit des desseins d'êtres humains dont les motivations me sont obscures. Par exemple, je ne parviens pas à comprendre ce qui pousse les chiites à se flageller jusqu'au sang et à se blesser le front durant la période de Muharram pour commémorer les souffrances subies par les fils d'Ali à Karbala. De même, certains chrétiens, parmi les plus traditionalistes, se soumettent à la flagellation rituelle qui marque leur dos ; d'autres vont jusqu'à simuler une crucifixion pour revivre la passion du Christ. Les moines tibétains parcourent des kilomètres en se prosternant au sol à intervalles réguliers.

Pourquoi infliger autant de souffrance ? Où se trouve le bien-être dans ces tortures inutiles infligées au corps ? Comment en est-on venu à croire que se faire du mal est équivalent à se faire du bien, que la douleur est un passage obligé pour accéder au bonheur, que l'adoration d'un dieu ou d'un saint mène à des niveaux de conscience supérieurs ? La religion est souvent mal comprise, mal interprétée, au point que la plupart des croyants, quelle que soit leur foi, sont convaincus de détenir la vérité, considérant les autres comme dans l'erreur. Peu importe la religion, il est enseigné d'abord d'aimer et vénérer Dieu (ou un dieu), un saint, une idole ou toute autre figure suprême. Cela semble être une erreur, voire une aberration. Ne serait-il pas plus judicieux de commencer par s'aimer soi-même, afin d'être en mesure d'aimer les autres ? Je suis persuadé que c'est là que naîtrait une lumière capable de clarifier toutes ces questions.

Indépendamment du culte pratiqué, la prière peut être considérée comme une forme de méditation. À mon avis, la méditation est bénéfique pour le corps et l'esprit, ce qui signifie que la prière peut contribuer au bien-être, pourvu qu'elle soit pratiquée sans inconfort ni contrainte. Dans le Coran, on trouve de nombreux versets traitant des idoles. L'un d'entre eux raconte l'histoire du prophète Ibrahim (nom musulman d'Abraham) qui détruisit les idoles vénérées par son peuple. Lorsque son père lui demanda pourquoi il avait fait cela, sa réponse fut simple : il expliqua que son Dieu faisait se lever le soleil à l'occident et se coucher à l'orient. « Si ces pierres sont des dieux, demandez-leur donc de se replacer d'elles-mêmes ! » ajouta-t-il. Ce verset résonne de simplicité et de logique : comment peut-on attribuer un quelconque pouvoir à une pierre, croire qu'une divinité faite de matière inerte peut être secourable ?

Pourquoi, alors que nous sommes incapables de nous représenter même nous-mêmes, essaierions-nous de représenter Dieu sous une forme ou une autre ? Je ne fais pas référence ici à l'aspect physique, mais à la dimension divine en chacun de nous. Par exemple, comment expliquer le fait que nous puissions penser intérieurement, sans bouger nos lèvres ni émettre de sons ? Comment pouvons-nous visualiser des images ou des scènes avec nos yeux fermés, entendre intérieurement des sons qui n'existent pas dans le monde concret ? Il y a, en nous, une vie intérieure qui ne peut s'éteindre car elle ne fait pas partie de notre corps ; elle survit à notre enveloppe corporelle. Je l'appelle notre part de divin, celle qui nous anime en tant qu'êtres vivants, la voix de notre conscience et de notre intuition.

Nous possédons tous une fraction de la matrice ayant engendré l'univers entier, que certains nomment Dieu, d'autres la force universelle, ou encore l'éther. Peu importe le terme utilisé, nous sommes tous connectés à cette essence. C'est avec cette dimension mystérieuse que nous méditons. Par la prière ou le recueillement, nous dialoguons intérieurement, en croyant que Dieu (ou une divinité) est notre interlocuteur, alors qu'il est déjà en nous. C'est avec cette part divine en nous, reliée à l'univers tout entier, que nous pouvons réaliser nos désirs. Puisque nous sommes capables de la créer en notre être intérieur, pourquoi ne se manifesterait-elle pas à l'extérieur ?

Selon ma perspective, si Dieu est en moi, il est également en tous les autres. Par conséquent, pour être un bon croyant, je dois apprendre à m'aimer moi-même et à aimer les autres : ainsi, j'aimerai Dieu lui-même. Plutôt que de chercher à imaginer Dieu avec une image définie, ou de lui attribuer une apparence spécifique, il convient de comprendre que cela est impossible, tout comme il est impossible de représenter graphiquement notre essence intérieure. Vous ne pouvez pas croire en rien, car vous-même n'êtes pas rien, vous êtes un être formé de tout. Vous pouvez poser des questions et chercher des réponses, mais gardez à l'esprit que rien n'est dépourvu de substance, et que chaque chose est constituée de tout. Vous n'êtes pas tenu de pratiquer un culte pour croire en vous-même, ni de rejeter la religion par dégoût ou de nier toute croyance au nom de l'athéisme. Il s'agit de réfléchir et de poser des questions logiques.

Cela me rappelle une anecdote que j'ai vécue il y a longtemps. À l'âge de 24 ans, alors que j'étais légèrement malade, j'ai agi comme la plupart des gens et consulté un médecin. À Montbéliard, il y avait un centre médical regroupant plusieurs praticiens. Mon médecin habituel étant absent, je me suis rendu dans la salle d'attente du docteur Becker, que je ne connaissais pas encore. Attendant mon tour sans inquiétude particulière, le docteur Becker est venu vers moi et m'a invité à entrer dans son cabinet. Lorsqu'il m'a demandé ce qui n'allait pas, je suis resté silencieux. Assis devant son bureau, mon regard était captivé par un immense poster au mur derrière lui. Il s'agissait de la photographie d'une nébuleuse magnifique que je ne pouvais détacher des yeux. Le docteur Becker a remarqué mon intérêt passionné et m'a dit : « C'est magnifique ! ». Sans trop y réfléchir, j'ai répondu spontanément que tout ce que Dieu crée est beau. Le docteur Becker s'est alors mis à rire de bon cœur et m'a dit que c'était des absurdités et que Dieu n'existait pas. Je lui ai dit que je n'étais pas dans la meilleure condition pour débattre, car j'étais malade, mais que si j'avais pu, je lui aurais prouvé qu'il se trompait.

Intrigué par ma réponse, le docteur Becker m'a alors dit que si je voulais qu'il me prescrive une ordonnance, j'avais tout intérêt à le convaincre. Voici ma réplique :

– Je vais être bref, car le temps me manque. Imaginez, docteur, que vous marchiez sur un sentier en montagne. Le chemin est jonché de cailloux de toutes formes, petits, gros, plats, allongés, ronds, rugueux, lisses... Certains ont été sculptés par le vent, d'autres par la pluie, ou par le temps. Vous marchez sur ces cailloux sans y prêter grande attention, car ce ne sont que des cailloux, rien de plus. Soudain, vous apercevez un caillou de forme pyramidale et votre regard est captivé. Vous le ramassez, intrigué par sa géométrie. À première vue, ses proportions sont parfaites, et cela vous déconcerte. Vous décidez de l'emporter chez vous pour l'examiner de plus près. Vous mesurez chaque face, encore et encore, vérifiez une fois de plus, et vous finissez par reconnaître l'évidence : vous avez en main une pyramide d'une précision extrême, au micron près. Ses quatre faces sont absolument identiques, chacune étant un triangle équilatéral parfait. Vous réalisez alors que le temps, la pluie et le vent ne peuvent avoir produit un tétraèdre si parfait. Seule une main habile aurait pu le créer et l'égarer sur ce sentier.

Le docteur m'a répondu que c'était effectivement l'œuvre d'un habile sculpteur. Une pyramide d'une telle régularité et d'une telle précision, au micron près, ne pouvait pas être le fruit du hasard. J'ai continué ma démonstration :

– Regardez maintenant l'univers, contemplez la Terre non pas comme une sphère, mais en considérant ses cycles de rotation. Elle accomplit toujours un tour complet sur elle-même en 24 heures, et un tour autour du soleil en 365 jours, à quelques exceptions près pour les années bissextiles. Observez aussi la Lune, qui effectue un nombre précis de rotations autour de la Terre et du Soleil, ainsi que les autres planètes qui évoluent dans notre système solaire. Ce ballet cosmique, orchestré de manière si parfaite, est-il le pur fruit du hasard ou l'œuvre d'un habile créateur ?

Le docteur Becker a répondu que pour qu'une planète se forme, elle doit atteindre un volume et un poids très spécifiques. J'ai alors admis que je n'avais pas autant de connaissances que lui, mais que pour moi, il s'agissait également d'une règle mathématique ou physique, et que le hasard n'y avait pas sa place. Après un moment de silence, il m'a demandé depuis combien de temps je me sentais malade. Voici ma réponse :

– Vous savez, monsieur Becker, vous avez convenu que seule une main habile pouvait sculpter une pyramide parfaite, et non le temps, la pluie ou le vent, car la géométrie suit des lois qui transcendent le hasard. Maintenant, je vous parle de l'univers, qui est tout aussi parfait grâce à des règles mathématiques et physiques. Pourquoi ne pas vous prononcer sur celui-ci ? Je crois qu'une main habile a créé l'univers. Moi, j'appelle cela Dieu, mais vous pouvez l'appeler comme vous le souhaitez. Admettez simplement qu'une intelligence se cache derrière tout cela !

Il n'a pas répondu. Perdu dans ses pensées, il se posait des questions auxquelles il n'avait jamais été confronté. En quittant son cabinet avec mon ordonnance, j'ai regretté d'avoir été un peu dur avec lui, mais j'étais malade et il m'avait fait attendre longtemps. En partant, je lui ai dit que je ne comprenais pas comment quelqu'un pouvait être intelligent et athée en même temps. J'étais jeune à l'époque et peut-être un peu sévère, mais je pense que refuser toute croyance lorsqu'on se pose les bonnes questions est difficilement concevable.

Si vos croyances ou votre religion ne vous imposent aucune contrainte, ne vous isolent pas du reste du monde et ne causent pas de préjudice, elles ne vous empêcheront pas de progresser dans le sens du bien-être pour tous, tant qu'elles vous apportent du bonheur et que ce bonheur se propage. Ne vous limitez pas à des croyances vides de sens où règne le néant. En affirmant « je ne crois en rien », vous excluez la possibilité de voir le plein, car vous ne percevez que le vide. Le simple fait de poser des questions et de réfléchir avec une logique élémentaire peut remplir ce vide et transformer le néant en tout.

Les religions, les croyances et les doctrines peuvent contribuer à votre équilibre si elles n'engendrent pas de toxicité. Aucune contrainte ne devrait vous éloigner de l'essentiel : votre quête du bien-être. Comme pour toute question de santé, maintenir l'équilibre est crucial. Vous avez la liberté de croire en qui vous voulez, tant que cela vous apporte du bien-être. Mais pour trouver cet équilibre, vous devez d'abord croire en vous-même.

Comment parvenir à cet équilibre ? C'est assez simple, d'après mon expérience ! Il faut commencer par l'acceptation, en commençant par vous accepter vous-même avec vos défauts et vos qualités. Ensuite, vous serez en mesure d'accepter les autres avec leurs qualités et leurs défauts, avec empathie et sans jugement. Imaginez que si vous étiez à leur place, vous auriez peut-être agi de la même manière, voire pire, car nous possédons tous nos propres défauts. Reconnaître ces défauts et les admettre nous permet de cultiver leur opposé.

L'UPPERCUT DE MA DÉLIVRANCE

Personnellement, j'ai un amour profond pour la lecture, étant un fervent bibliophile passionné par les livres. Dans le domaine religieux, j'ai apprécié la lecture de textes sacrés tels que la Torah, la Bible, le Coran, ainsi que de nombreux ouvrages sur les doctrines bouddhistes et d'autres philosophies agnostiques. J'ai aimé l'idée d'essayer de trouver un équilibre en m'inspirant de chacune de ces lectures.

Ma quête de bien-être n'a pas été en vain, car en me connectant à différentes religions, croyances et doctrines, je me sens à l'aise avec elles, ce qui m'empêche de porter des jugements. Quelles que soient mes idées, qu'elles soient en accord ou en désaccord, je me place simplement à l'équilibre. Pour ainsi dire, je suis à la fois juif, chrétien, musulman, bouddhiste, agnostique et même athée. Je peux incarner tous ces rôles, mais je maintiens un équilibre, ne penchant ni d'un côté ni de l'autre. Cette approche me permet de m'abstenir de jugements, positifs ou négatifs, car je me trouve au milieu et n'appartiens à aucun camp. Je me sens à l'aise dans ma synagogue, mon église, ma mosquée, mon temple ou même chez moi, car je me situe à un endroit où aucun jugement ne prévaut.

Le confort réside dans l'équilibre. Le verre n'est ni à moitié plein ni à moitié vide, il est simplement en équilibre parfait. L'appréciation ne doit pas être réduite à une alternative entre optimisme et pessimisme, entre trop et pas assez. C'est une illusion. Envisagez plutôt la question comme l'acceptation de deux possibilités dont l'opposition n'est qu'apparente. Placez-vous à leur point d'équilibre et observez la symbiose parfaite qui en découle.

Quel que soit le côté sur lequel vous pensez vous situer, rappelez-vous que si les circonstances avaient été différentes, vous auriez pu être du côté opposé. Si vous étiez né en Afghanistan ou au Tibet et y aviez grandi, quelle sorte de personne seriez-vous aujourd'hui ? Essayez de vous mettre à la place des autres en acceptant leurs faiblesses et leurs défauts. Si vous aviez vécu leur expérience, auriez-vous été meilleur ou pire qu'eux ? Accepter l'idée que vous portez en vous le potentiel pour les défauts des autres implique également que vous portez en vous les qualités opposées. En réunissant ces deux aspects en apparence contradictoires, vous pouvez les concilier et vous placer à leur équilibre juste.

Dans le domaine religieux, l'essentiel est que votre bien-être soit absolu, vous permettant de le transmettre aux autres comme par contagion, où que vous soyez. Les religions, les doctrines et les croyances, qu'importe, sont souvent empreintes de traditions qui s'éloignent de leurs écrits fondamentaux. Elles ne reflètent plus les textes sacrés et ont souvent basculé d'un côté ou de l'autre, perdant l'équilibre essentiel au bien-être.

Alors, suis-je juif, chrétien, musulman, agnostique ou athée ? Répondre à cette question serait absurde. Je n'appartiens pas à un culte prédéterminé, mais je crois en un Dieu unique. Car s'il y avait d'autres dieux, il y aurait sûrement des guerres de leadership, comme c'est le cas entre les peuples. Dieu réside en chacun de nous, et ses pouvoirs aussi. Peu importe comment vous visualisez Dieu, ou si vous ne le faites pas du tout, voyez-vous d'abord, car vous ne pouvez pas vous empêcher de croire en vous-même lorsque vous vous regardez. Vous êtes vivant et si Dieu est en vous, il est aussi vivant que vous. Vous reflétez ce que vous cachez en vous. Vous êtes le créateur de votre vie et l'artisan de votre destin.

L'acceptation prend tout son sens ici : en acceptant chaque individu tel qu'il est, peu importe ses croyances ou ses origines, vous créez de la place pour l'amour. Car seul l'amour compte. Une bougie est composée de cire et d'une mèche (corps) qui a besoin d'une source d'énergie pour brûler (feu/esprit). Lorsqu'elle est allumée, elle génère de la lumière (âme). Votre sanctuaire sacré est votre corps, et votre âme y réside. L'âme est un mystère que Dieu a choisi de ne pas expliquer dans les livres. Alors, pourquoi chercher à comprendre ce qu'elle pourrait être de plus que ce qu'elle est ? Elle est divine, c'est tout. Mettez-la en lumière, laissez-la briller et éclairer.

Ne soyez ni moutons ni loups, mais simplement des individus qui ne peuvent qu'être aimés par les autres. Si tout le monde aimait son prochain sans juger selon la religion, l'origine, l'apparence ou d'autres critères, la vie serait beaucoup plus facile. La religion peut causer beaucoup de mal quand elle est pratiquée de manière sectaire. Un croyant ou un non-croyant ne devrait pas se limiter aux frontières de sa religion, de son athéisme ou de son agnosticisme. Au lieu de nous diviser, nos différences et divergences devraient nous unir dans le partage d'une même appartenance ou alliance.

J'aime rencontrer des personnes différentes, non seulement des étrangers, mais simplement des individus "étranges" - c'est-à-dire différents. Ce qui me fascine, c'est qu'en dépit de nos prétendues différences - culturelles, religieuses, linguistiques ou autres - nous parvenons toujours à nous entendre, à partager nos idées et nos aspirations dans une atmosphère de joie, de bien-être et d'enchantement mutuel. Je suis heureux aujourd'hui de dire que j'appartiens à l'équilibre de toutes ces croyances, et que je vois toute l'humanité comme je me vois : avec amour, respect, estime et acceptation.

Dès que j'ai l'occasion de semer une graine, je la plante sans me perdre en questionnements. Car comme une graine de blé, en germinant et en poussant, donnera vie à des dizaines d'autres grains, plantez des sourires, de l'amour, de bonnes actions et arrosez-les. Même dans un sol aride, rocailleux et sec, la graine finira par germer et se multiplier.

J'espère que ce livre vous aura aidé à comprendre comment devenir la personne que vous avez toujours souhaité être : une personne en bonne santé physique et mentale, épanouie et heureuse, où qu'elle se trouve. Croyez en vous avant de croire en toute autre chose. Vous constaterez que plus vous ressentez cette force intérieure qui éclaire les fréquences vibratoires, plus vous serez apte à vous accepter ainsi qu'à accepter les autres sous toutes les perspectives. En croyant en moi, je crois en toi. En croyant en toi, je crois en eux, en lui. En croyant en tous, en tout, je finis par ne croire en rien, car tout est, à la fois rien et tout.

Nous arrivons à la fin de ce livre qui a pour objectif de vous aider à atteindre l'équilibre nécessaire pour une vie harmonieuse au quotidien. Quel que soit l'aspect de vous-même que vous désirez changer ou améliorer, quels que soient votre environnement et le contexte dans lesquels vous évoluez, ce livre vous offre des conseils éprouvés pour vous guider vers le bien-être et l'épanouissement. Que vous souhaitiez travailler sur votre mental, votre alimentation, votre corps, votre être intérieur ou vos croyances, vous disposez désormais de toutes les clés pour accéder à votre meilleur potentiel.

Je n'ai pas l'intention de vous présenter un ouvrage exhaustif ou complet. De nombreux autres sujets intéressants auraient pu être abordés, de même que les sujets traités dans les chapitres auraient pu être développés plus en profondeur. Pour des raisons de clarté et de concision, j'ai choisi de me concentrer sur ce qui me semble essentiel : vous éclairer et vous accompagner en toute simplicité dans votre quête de bien-être et de santé.

Pour conclure, je souhaite revenir sur la question de la vitamine D, abordée dans le quatrième chapitre. Je m'étais engagé à établir un lien entre cette vitamine et la religion, et je vais tenir cette promesse en partageant mes impressions sur le sujet. Une légende commune au christianisme et à l'islam est celle du miracle des sept dormants. Que ce soit les dormants chrétiens d'Éphèse ou ceux de la caverne coranique (sourate 18 du Coran), il s'agit d'un groupe de croyants que Dieu aurait sauvés de la persécution en les abritant dans une grotte.

L'UPPERCUT DE MA DÉLIVRANCE

Dans le Coran, Dieu dit : « Si vous les aviez vus, les yeux grands ouverts, en train de dormir dans cette grotte, vous auriez été pris de frayeur… ». Il dit également que les rayons du soleil entraient dans la caverne par l'occident et en sortaient par l'orient, et que les jeunes dormants étaient tournés tantôt sur le côté droit, tantôt sur le côté gauche. Il est également dit que ces jeunes auraient séjourné dans cette grotte, plongés dans un sommeil de trois siècles. Sur le plan scientifique, les bienfaits de la vitamine D, et donc du soleil, sont avérés et reconnus depuis longtemps. La science affirme qu'un précurseur vitaminique présent dans la peau se transforme en provitamine D3 puis en vitamine D3 sous l'effet des rayons ultraviolets du soleil.

L'évocation du soleil dans la sourate de la Caverne m'amène à une interprétation personnelle : le soleil est la clé de la vie, il en est la source. En extrapolant, je dirais même que les versets 17 et 18 de cette sourate mettent en évidence l'importance vitale du soleil. En effet, durant leur sommeil de trois siècles, les sept dormants n'ont-ils pas été nourris quotidiennement par le soleil ? En baignant leur visage et leurs yeux ouverts de ses rayons, le soleil ne leur procurait-il pas la précieuse vitamine D essentielle à la vie ? Il n'est pas farfelu de penser que si Dieu nourrissait d'une telle manière des êtres endormis, c'était pour maintenir la vie en eux. C'est grâce à ce miracle qu'ils sont revenus au monde après leur long sommeil. Bien sûr, cette interprétation n'engage que moi.

Le soleil est synonyme de vie. D'ailleurs, certaines personnes ont choisi de vivre uniquement grâce au soleil. De sa lumière. On appelle cela le pranisme (ou respirianisme, ou encore inédie). Cette pratique exclut toute alimentation conventionnelle et consiste à ne se nourrir que de prana (le souffle, en sanskrit). Les adeptes affirment vivre uniquement d'air et de lumière. C'est un principe extrême que je ne saurais vous recommander, mais il mérite réflexion.

Postface

« Presque en toutes choses, les préceptes valent moins que l'expérience. »

Quintilien

Les principes que je détaille dans ce livre ne sont pas de simples théories ; tous ont été personnellement mis à l'épreuve par moi-même. Je les ai expérimentés tour à tour, les combinant parfois, les alternant d'autres fois. Je n'ai jamais préconisé une méthode que je n'avais pas d'abord testée sur moi.

En parcourant à nouveau ces pages, je suis frappé par le surgissement de souvenirs que je croyais oubliés. Une sensation étrange m'envahit, comme si ces mots appartenaient à quelqu'un d'autre, une version antérieure de moi peut-être. Chaque jour, je m'engage dans un voyage introspectif, cherchant à comprendre et à embrasser cet autre moi. Bien que ce livre soit le fruit de ma réflexion, je le redécouvre à chaque lecture, renforçant ainsi mes convictions profondes sur le bien-être authentique.

Mon objectif n'est pas de surcharger votre esprit avec des concepts abstraits ni de perturber votre bien-être physique. Je cherche plutôt à vous doter d'outils concrets pour combattre le stress et les maux du quotidien. Certains de ces principes peuvent paraître exigeants au début, mais je vous invite à ne pas vous décourager. Une fois que vous aurez intégré leur essence, vous les adopterez avec aisance, si tel est votre désir. Les résultats peuvent parfois se manifester rapidement, ou nécessiter davantage de persévérance. Mais dans tous les cas, persistez, car les bénéfices de votre engagement seront inestimables.

L'UPPERCUT DE MA DÉLIVRANCE

Après des années jalonnées de voyages et de rencontres enrichissantes, j'ai réalisé que mes expériences pourraient éclairer d'autres vies. C'est grâce à des âmes généreuses croisées sur mon chemin que l'idée de ce livre a germé. Aujourd'hui, je suis fier de partager cet ouvrage concrétisé jour après jour. En le tenant entre mes mains, j'ai la sensation d'accéder à la sagesse d'un autre, d'un moi lointain, et d'exploiter ses enseignements pour ma propre croissance.

Si l'on dit souvent que l'expérience personnelle est la meilleure école, redécouvrir mes propres réflexions, figées sur le papier, me donne l'occasion de les appréhender d'une manière différente. C'est une révélation. Je me découvre à travers ces pages, comme une version améliorée de moi-même, me rappelant l'importance de vivre selon les principes que je partage.

J'ai écrit ce livre dans l'intention de vous guider. Et, dans une tournure pour le moins surprenante, il s'est avéré être mon guide également. En parcourant mes propres mots, j'ai pris conscience des incohérences entre mes écrits et mes actions. Ce livre m'a servi de miroir, me rappelant l'importance d'incarner les conseils que je prodigue. Me relire a ravivé ma détermination. J'ai redécouvert mon rôle de thérapeute pour moi-même, m'engageant encore plus profondément dans la quête du bien-être que je croyais poursuivre avec tant de ferveur.

Toutes les théories du monde perdent leur sens sans une mise en pratique réelle. Bien qu'une idée puisse briller sur le papier, sa mise en œuvre peut révéler des lacunes insoupçonnées. Toutefois, en matière de santé et de bien-être, embrasser des principes solides ne peut qu'apporter des bénéfices. L'un des défis majeurs réside dans le dédale d'informations, noyé entre mythes, désinformations et artifices. Dans cet ouvrage, je vous dévoile des principes éprouvés par le temps et l'expérience, ayant fait leurs preuves sur le terrain.

L'UPPERCUT DE MA DÉLIVRANCE

Mon objectif a été de distinguer les vérités intemporelles des illusions éphémères.

Je ne vous demande pas d'adhérer aveuglément à mes propos, mais je vous encourage vivement à expérimenter par vous-même. C'est en mettant en œuvre les méthodes présentées ici que vous pourrez juger de leur pertinence. Testez, observez, analysez, réajustez, et progressez. Vous découvrirez peut-être des facettes de vous-même insoupçonnées, des trésors cachés de résilience et de créativité. L'exploration de nouvelles approches est souvent la clé d'un bien-être renouvelé. Embrassez donc ces opportunités.

Recevez avec gratitude et enthousiasme les offrandes de la vie. Abordez chaque expérience avec amour et compassion. L'amour de soi est la fondation sur laquelle repose toute édification personnelle. En nous chérissant, nous ouvrons notre cœur au monde et nous devenons capables d'aimer les autres avec authenticité. L'amour est l'étoile-guide de notre voyage. À l'inverse, la haine obscurcit notre vision et l'indifférence assèche notre âme. Écartez ces ombres et marchez vers la lumière du bonheur.

L'acceptation est un voyage intérieur qui commence par le cœur. Avant de pouvoir accepter les autres, vous devez d'abord vous embrasser, vous. Cependant, l'essence de cette acceptation réside dans la profondeur de l'amour et de la gratitude que vous vous portez. Semez des graines d'acceptation sans attendre un terrain propice. Tout comme les graines qui peuvent germer en des lieux improbables, l'acceptation peut trouver racine en n'importe quel recoin de votre âme. Votre récolte reflètera la sincérité de vos intentions et non la qualité apparente du sol sur lequel elles sont semées.

Il est crucial de comprendre que notre adversaire le plus coriace est souvent l'image distordue que nous avons de nous-mêmes. Cet adversaire intérieur, c'est notre ego. Il s'amuse à créer des labyrinthes de doutes et d'appréhensions, nous guidant sur des sentiers tortueux où les pièges sont nombreux. Il est l'artisan de nos insécurités et de nos déceptions, modelant parfois un paysage intérieur tumultueux. Mais rappelons-nous qu'il n'est pas tout-puissant. Confrontez cet ego. Étudiez ses manœuvres, percez ses illusions, et osez le défier. Lorsqu'il cherche à vous dominer, tenez bon. Résistez à ses assauts et, avec détermination, renversez cette force qui vous entrave. Car une fois que vous aurez dompté cet adversaire interne, l'univers vous accueillera à bras ouverts.

« Dans cet ouvrage, je n'ai fait référence à aucun auteur spécifique, et cela pour une raison précise : chaque fragment de sagesse que je partage est le fruit de mes propres expériences et des inspirations qui me sont propres. Cela étant dit, je tiens profondément à exprimer ma gratitude envers tous les écrivains que j'ai eu la chance de découvrir. Chacun d'entre eux a éclairé ma voie lors de ce voyage intime, marqué par des moments d'une magie incommensurable. »

Le mot de la fin

POÈME : LA DELIVRANCE

Le gong retentit et le combat commence
Face à l'adversaire, poings levés, j'avance
Les coups déferlent, j'en donne, j'en prends
Je virevolte, poings crispés dans mes gants
J'affronte un caïd, un démon, un Hercule
Garde levée, j'encaisse et je recule
Les cordes m'arrêtent, les coups m'enserrent
Arcade touchée, ouverte, la douleur me lacère
L'œil ensanglanté, je ploie mais je tiens tête
Jambes fléchies, poings serrés, je m'apprête
J'assène une droite terrible au menton
Je cogne à l'épaule, au plexus, au front.

À la deuxième reprise, je relâche ma garde
Un swing m'atteint aux côtes, fatale mégarde
Je m'écroule au sol, le décompte retentit
À bout de forces, encore groggy
Je reprends mon souffle, repars à l'offensive
Armé de courage, j'avance, j'esquive
Un pas en avant, je frappe et me replie
Je feins, je prends appui et d'un crochet précis
Je frappe où ça fait mal, je vise la mâchoire
L'adversaire chancèle, en proie au désespoir

L'UPPERCUT DE MA DÉLIVRANCE

La bouche en sang, il relève sa garde
Et le round s'achève sur cette parade

L'adversaire est de taille, un intime requin
Mon souffle renaît tandis que lui s'éteint
Cet ennemi intérieur sème en moi le chaos
Mais je lui imposerai une défaite par K.O.
J'affûte ma tactique, l'ouverture s'offre enfin
Extension de la jambe, avancée du bassin
Coude pointé, bras en avant, je m'élance
Et d'un uppercut droit, je saisis ma chance
Je frappe fort et vite, le coup est fatidique
Touché de plein fouet, mon ego abdique
Au sixième round, dans un parfait timing
Il est à terre, vaincu, Knock out sur le ring.

Mustapha Bouktab

Table des matières

- PAGE DE GARDE 3
- INTRODUCTION 5
- **CHAPITRE 1** 9
- **LES HABITUDES ET LA GESTION DU STRESS** 9
  - Première partie 11
  - HABITUDES, TRADITIONS ET SUPERSTITIONS 11
  - Deuxième partie 24
  - LA GESTION DU STRESS 24
- **CHAPITRE 2** 45
- **APPRENDRE À S'AIMER ET À SE SURÉVALUER** 45
  - Première partie 49
  - TRISTAN 49
  - Deuxième partie 57
  - FÉLICIEN 57
- **CHAPITRE 3** 77
- **APPRENDRE À CRÉER** 77
  - Première partie 80
  - DANIEL 80
  - Deuxième partie 87
  - RICHARD 87
- **CHAPITRE 4** 105
- **L'ALIMENTATION SOUS TOUTES SES FACES** 105
  - 1. Apprendre à respirer 106
  - 2. Apprendre à boire 112
  - 3. Apprendre à manger 114
  - Le calcium : élément alcalin 139
  - Le soufre : élément acide 140
  - Le manganèse 142
  - BONUS : LA VITAMINE C 159
- **CHAPITRE 5** 161

L'ACTIVITÉ PHYSIQUE ET LE SPORT	**161**
1. LES BASES	165
2. LA RESPIRATION	168
3. LA FORCE ET LA PUISSANCE	175
4. LA FRÉQUENCE	184
5. LA MAGIE DU SPORT	188
CHAPITRE 6	**195**
LA MÉDITATION	**195**
CHAPITRE 7	**213**
LES RELIGIONS, LES DOCTRINES ET LES CROYANCES	**213**
POSTFACE	**227**
LE MOT DE LA FIN	**231**

© 2025 Mustapha Bouktab
Édition : BoD · Books on Demand,
31 avenue Saint-Rémy, 57600 Forbach, bod@bod.fr
Impression : Libri Plureos GmbH,
Friedensallee 273, 22763 Hamburg (Allemagne)
ISBN : 978-2-3224-9635-8
Dépôt légal : Septembre 2023